WARUM WIR TICKEN,
WIE WIR TICKEN 68

DA IST SIE JA,
MEINE ZEIT! 146

Was bringt mir
gutes Zeitmanagement?

Kluge Leute wie sich bei den Faulpelzen viele finden, wissen, dass sie nicht den ganzen Kuchen essen brauchen. Das macht nur dick. Kluge Leute picken sich die Rosinen raus. Wahrscheinlich sind Sie bereits eine ziemlich kluge Zeitmanagerin. Trotzdem kann es hin und wieder passieren, dass Sie in die Stressfalle tappen. Dann tut es gut, sich die Rosinen ins Gedächtnis zu rufen; die Vorteile, die Ihnen gutes Zeitmanagement bringen.

- Sie erreichen Ihre privaten und beruflichen Ziele schneller.
- Sie haben mehr Zeit für die Dinge, die Ihnen wirklich wichtig sind.
- Sie haben einen genauen Überblick über alles, was dringend ist.
- Sie wissen genau, was Sie zu tun haben.
- Sie genießen Ihre Erfolgserlebnisse aufgrund Ihres Zeitmanagements.
- Stress ist bei Ihnen die Ausnahme.
- Sie sind selbstbewusster und souveräner.
- Sie fühlen sich ausbalanciert und in Ihrer Mitte.
- Kurz: Sie sind entspannt, gelassen und können es genießen, auch mal zu faulenzen.

DIE ROSINENKUR
ZUR ANTI-STRESS-PFLEGE

Es heißt, dass es Millionären leichtfällt, immer mehr Geld zu scheffeln. Was wir schon haben, das kriegen wir erst recht und immer mehr. Das bezieht sich übrigens nicht nur auf materielle Werte, sondern auch auf Trübsal und Glück und: Zeit! Genau das haben Faulenzerinnen und Millionärinnen gemeinsam. Sie lassen machen. Qualität statt Quantität. Nicht Zeit sparen, sondern Leben verschönern. Und zwischendurch auf keinen Fall vergessen, wie viel Positives passiert ist.

Führen Sie ein Erfolgstagebuch: Schreiben Sie ab heute jeden Tag drei Dinge oder Ereignisse auf, die gut geklappt oder über die Sie sich gefreut haben. Und wenn Sie sich mal wieder selbst weismachen möchten, gar nichts hätte geklappt, dann hat vielleicht doch etwas geklappt. Weil Sie nämlich lachen mussten, als die Einkaufstüte riss. »Ein Tag ohne Lachen ist ein verlorener Tag«, fand Charlie Chaplin.

Hängen Sie Ihre Erfolge nicht zu hoch, das stresst! Sie müssen nicht ständig ein Millionenprojekt an Land ziehen. Auch ein gelungenes Essen, ein Tipp für die gute Freundin oder ein ausgelesenes Buch sind Erfolgserlebnisse. Worauf basiert der große Erfolg? Richtig: Auf vielen kleinen Erfolgen!

Vorsicht! Können Sie es sich überhaupt leisten, Zeit zu haben und nicht mehr gestresst zu sein? Genau genommen hat niemand Zeit und Sie fallen dadurch womöglich unangenehm auf. Stellen Sie sich nur mal vor, wie die Welt aussehen würde, wenn plötzlich alle Zeit hätten, ja wo kämen wir denn da hin?

Insofern fangen Sie am besten still und leise und heimlich an. Und langsam! Sie bekommen in diesem Buch sehr viele Tipps vorgestellt, wie Sie Ihre Zeit managen können, was ja nichts anderes bedeutet, als Ihr Leben zu meistern, denn Zeitplanung ist Lebensplanung. Aber bitte nicht das ganze Leben auf einmal. Wählen Sie eine Handvoll Möglichkeiten aus, mischen Sie diese in Ihr Leben – und wenn es damit gut läuft, picken Sie sich weitere Rosinen heraus und bringen sich in Bestform. Fragen Sie sich zwischendurch immer wieder: »Was will ich?« , »Was mache ich?«, »Will ich wirklich, was ich will?«, »Will ich, was ich mache?«

Wenn Sie etwas anderes wollen als Sie machen und etwas anderes machen als Sie wollen, sind Sie gestresst. Klar, es gibt auch positiven Stress, der uns beflügelt. Doch auch wenn wir ununterbrochen positiven Stress haben, machen wir irgendwann schlapp.

Komm' mal wieder runter!

Stress ist nicht unbedingt schlecht. Ohne Stress könnten wir gar nicht leben, denn er macht uns so richtig leistungsbereit: Hormone werden ausgeschüttet, das Herz schlägt schneller, wir sind aufmersamer und können rascher Entscheidungen treffen, Gehirn und Lunge werden besser versorgt und unsere Sinne sind geschärft – optimale Voraussetzungen für Höchstleistungen.

Das Problem ist das wieder Runterkommen. Wir bleiben in der Stressreaktion hängen. Und das ist gar nicht gut für unser Zeitmanagement. Stefan Klein, Bestsellerautor und Wissenschaftsjournalist, sagte in einem Interview mit der Zeitschrift *Brigitte*: »Stress wirkt sich ganz unmittelbar auf unsere Fähigkeit aus, uns zeitlich zu organisieren. Die dafür zuständigen Hirnregionen gehören zu den empfindlichsten und störanfälligsten des Menschen. In früheren Epochen der Naturgeschichte mag das sinnvoll gewesen sein: Da sollten wir nicht in Ruhe überlegen, was wir am sinnvollsten als Nächstes tun sollen, unter Stress sollten wir einfach nur flüchten. Aber im Job oder im Alltag verlieren wir den Überblick, können uns nicht mehr konzentrieren, lassen uns ablenken, werden konfus.«

Somit ist Stressfreiheit eine Voraussetzung für gutes Zeitmanagement. Dabei dürfen wir stressfrei nicht mit Langeweile verwechseln. Es gibt auch positiven Stress. Wie sich der anfühlt, wissen Sie vermutlich selbst. Alle wollen was von Ihnen und Sie schaffen das Unmögliche. Klar sind Sie gestresst. Aber das macht nichts. Sie

STRESS MAL ZWEI –
ZUERST GEFORDERT, DANN ÜBERFORDERT

Eustress

Die griechische Vorsilbe »eu« kommt aus dem lateinischen und bedeutet »gut«. Diese Art von Stress empfinden wir als positiv, wir fühlen uns angenehm gefordert. Neben den üblichen Stresshormonen werden zudem Glückshormone freigesetzt. Sie entstehen besonders dann, wenn es gelingt, unsere Erwartungen zu erfüllen. Doch so belebend sich Eustress zu Beginn auch anfühlen mag: Auf Dauer verwandelt er sich in negativen Stress, in Dysstress.

Dysstress

Die griechische Vorsilbe »dys« bedeutet »schlecht« oder »widrig«. Und so wirkt sich dieser Stress auf Dauer auch aus. Er wird nicht nur durch äußerliche Umstände, sondern zusätzlich durch selbst auferlegten Leistungs- und Zeitdruck verursacht. Dieser Zeitmanagementkiller ist verantwortlich für diverse Befindlichkeitsstörungen, aber auch Konzentrationsschwierigkeiten, Vergesslichkeit und ein reduziertes Urteilsvermögen, was in Burnout und Herzinfarkt münden kann. Unter Stress strengt uns alles an, auch die Dinge, die eigentlich leicht zu erledigen wären. Gestresst sind wir unfähig, unsere Zeit klug zu planen.

fühlen sich wunderbar, denn Sie wissen, dass dieser Stress absehbar ein Ende hat.

Ob Eustress oder Dysstress – wichtig ist, sich nach dem Stress genügend Zeit zur körperlichen und geistigen Erholung zu gönnen. Zu allem Überfluss macht Stress oft auch dick, denn er führt häufig zu ungesunden Ess- und Trinkgewohnheiten, erhöhtem Alkoholkonsum, Medikamentenmissbrauch und Schlafstörungen.

Stress ist launisch

Nicht jeder Mensch reagiert gleich empfindlich auf Stress. Was der eine noch gar nicht als Herausforderung erlebt, kann für den anderen schon ein Kampf mit den eigenen Grenzen sein. Die wohlmeinende Bemerkung »Sei doch nicht so empfindlich!« hilft in solchen Fällen wenig. Menschen sind verschieden. Das zeigt sich auch in der Wahl des Wohnorts. Die einen bevorzugen eine ländliche Ruhe, in der andere sich wie halb tot fühlen. Es gibt vom Temperament her schnelle und langsame Menschen und beide sind in schnellen und langsamen Umgebungen anzutreffen – und müssen dort nicht gestresst sein. Deshalb kann auch nur jeder für sich selbst bestimmen, was ihn stresst. Niemand kann die Stressgrenzen eines anderen Menschen festlegen. Es bringt also nichts, wenn Sie anderen sagen »Deinen Stress bildest du dir ein. Bleib locker. Alles easy.« Von wegen! Wer lange mit Stress lebt, verliert die Fähigkeit, den Stress zu erkennen, und gewöhnt sich daran. Der Stress wird zur Norm *(siehe Seite 11)*.

Goethe hat's gut

Normalerweise stecken wir Menschen Stress gut weg. Wir sind ja nicht aus Zucker. Die Voraussetzung für diese Bewältigung ist jedoch, dass wir die Möglichkeit haben, uns mit dem Stress auseinanderzusetzen und genügend Raum zur Erholung. Und da liegt oft das Problem. Woher die Zeit nehmen, wenn ohnehin keine da ist. Da hat unser Dichterfürst Johann Wolfgang gut reden, wenn er behauptet: »Wir haben immer genug Zeit, wenn wir wollen und sie richtig nutzen.« Das hat er geschrieben, als er sich autofrei über die Alpen auf den Weg nach Italien machte, in einer Zeit, als es weder Wasch- noch Spülmaschinen gab. Und einen Fernseher besaß er auch nicht. Dafür hatte er jede Menge Zeit, um sich schöne Aphorismen auszudenken, ist dabei auch noch recht alt und weise geworden – und gelassen, wie man lesen kann. Seltsam, oder? Wir sind umgeben von technischen Helfern und haben immer weniger Zeit. Das lässt eigentlich nur einen Schluss zu: All die technischen Wunderwerke ernähren sich nicht bloß von Strom, sondern darüber hinaus: von Zeit!

RAUS
AUS DEM STRESS

Jetzt wissen Sie, wann Stress gut und wann er schlecht ist. Das Tückische am Stress und den fiesen kleinen Stressmonstern ist aber auch, dass sie sich still und heimlich einschleichen und wir sie meist viel zu spät erkennen. Das wird Ihnen in Zukunft nicht mehr passieren! Es gibt nämlich durchaus Methoden, um Dysstress frühzeitig zu erkennen und auszuschalten. Machen Sie den Stresstypentest *(siehe Seite 15–17).* Zudem finden Sie auf den folgenden Seiten Tipps, wie Sie Stress von vornherein vermeiden können.

Stress überlisten

Kennen Sie Ihre typischen Verdächtigen: jene Situationen, die Sie mit Vorliebe ins Schleudern bringen? Ist es, wenn die Chefin den Halbjahresbericht vorbereitet und alles auf einmal braucht oder wenn die Kinder krank sind, wenn Ihre Kollegen sticheln oder sonntags der Besuch bei den Schwiegereltern ansteht oder mal wieder Stau, Stau, Stau? Letzteren können Sie nicht abschaffen, doch Sie können Ihre Reaktion darauf verändern. Deshalb lohnt es sich, eine Liste mit gefährlichen Situationen zu erstellen. Sie wirkt wie ein

DER KLEINE
STRESSTYPENTEST

Sie fühlen sich gestresst, können aber gar nicht so genau sagen, woran es eigentlich liegt? Der Stress hat sich festgebissen, ist zum ständigen Begleiter geworden? Meistens sind es mehrere Faktoren, die bei Stress zusammenkommen. Deshalb sollten Sie sich einen Überblick darüber verschaffen, wie gestresst Sie wirklich sind.

	ja	nein
1. Kennen Sie das Gefühl, ständig zu wenig Zeit zu haben?	☐	☐
2. Denken Sie morgens beim Aufwachen als Erstes an die Dinge, die Sie an diesem Tag zu erledigen haben?	☐	☐
3. Arbeiten Sie regelmäßig mehr als 40 Stunden pro Woche?	☐	☐
4. Bestimmen andere darüber, wann Sie Pausen machen?	☐	☐
5. Sollen Sie häufig Aufgaben erledigen, für die Ihnen die nötige Qualifikation fehlt?	☐	☐
6. Erledigen Sie oft verschiedene Dinge gleichzeitig?	☐	☐
7. Vergleichen Sie sich häufig mit anderen?	☐	☐
8. Erhalten Sie im Job öfter Aufträge, die sich widersprechen?	☐	☐
9. Kommen Sie gut mit Ihren Vorgesetzten, Kolleginnen und Kollegen zurecht?	☐	☐
10. Befürchten Sie, Ihren Job zu verlieren?	☐	☐
11. Fehlt Ihnen der Sinn in Ihrer Tätigkeit?	☐	☐
12. Werden Sie gelegentlich für Dinge verantwortlich gemacht, auf die Sie keinen Einfluss haben?	☐	☐

	ja	nein
13. Werden Ihre Vorschläge prinzipiell ablehnend beurteilt?	☐	☐
14. Gehen Sie ungern zur Arbeit?	☐	☐
15. Fehlt Ihnen beim Essen häufig die Ruhe, es zu genießen?	☐	☐
16. Wenn Sie abends zu Hause sind: Verfolgen Sie dann die Gedanken an Dinge, die Sie noch hätten tun sollen oder tagsüber nicht geschafft haben?	☐	☐
17. Haben Sie nach der Arbeit wenig Energie für Ihre privaten Aktivitäten?	☐	☐
18. Kennen Sie das Gefühl, dass Ihnen alles über den Kopf zu wachsen droht?	☐	☐
19. Haben Sie den Eindruck, dass es in Ihrem Umfeld keinen Menschen gibt, auf den Sie sich verlassen können und der Ihnen helfen würde, wenn es mal nötig wäre?	☐	☐
20. Tauchen immer dann Probleme auf, wenn Sie selbst sich nicht um die Dinge kümmern?	☐	☐
21. Würden Sie sich als jemanden beschreiben, dem es schwerfällt, sich zu entspannen?	☐	☐
22. Gab es in letzter Zeit einschneidende Veränderungen in Ihrem Leben wie beispielsweise einen Todesfall in der Familie, einen Umzug oder Jobwechsel oder eine Trennung?	☐	☐
23. Schlafen Sie schlecht?	☐	☐
24. Knirschen Sie im Schlaf mit den Zähnen?	☐	☐
25. Fühlen Sie sich oft antriebsarm, lustlos oder müde?	☐	☐
26. Fällt es Ihnen selbst beim Kuscheln schwer, das Gedankenkarussell in Ihrem Kopf abzuschalten?	☐	☐
27. Haben Sie manchmal das Gefühl, das Leben würde an Ihnen vorbeiziehen?	☐	☐

Auswertung:
Zählen Sie nun zusammen, wie häufig
Sie mit Ja geantwortet haben.

0-mal: Herzlichen Glückwunsch! Sie sind beneidenswert relaxt! In diesem Buch werden Sie viel Bestätigung finden – und sicher auch die eine oder andere Alternative zu Ihren bewährten Strategien.

1- bis 5-mal: Sie sind auf einem guten Weg und wissen, worauf es ankommt. Wenn Sie merken, dass es doch mal wieder eng wird, sorgen Sie für Ausgleich (siehe Seite 38–46).

5- bis 10-mal: Sie neigen dazu, sich mehr aufzuladen, als Ihnen guttut. Überprüfen Sie Ihre Gewohnheiten kritisch und fragen Sie sich, ob das wirklich alles genau so gemacht werden muss. Wo können Sie für Entlastung sorgen? Wer unterstützt Sie dabei? Überprüfen Sie Ihre Ziele (siehe Seite 53– 66). Passen die noch zu Ihnen?

Über 10-mal: Loben Sie sich ausgiebig dafür, dass Sie das Thema Zeitmanagement nun offensiv angehen. Das haben Sie sehr gut gemacht. Überfordern Sie sich nicht mit dem Anspruch, alles auf einmal ändern zu wollen. Machen Sie sich bewusst, dass Sie Ihr Leben ab jetzt positiv gestalten. Sie schaffen das! Beginnen Sie mit einem konsequenten Nein-Training (siehe Seite 151–160). Damit Sie sich selbst in den Mittelpunkt Ihres Lebens stellen können, muss anderes Richtung Rand geschoben werden (siehe Seite 147–150).

Über 20-mal: STOPP! Ziehen Sie den Stecker! Sie sollten dringend abschalten. Runterfahren. Sich eine Auszeit gönnen und auftanken. Nehmen Sie sich die Zeit, über Ihr Leben und Ihre Sehnsüchte nachzudenken. Wenn Sie sich alleine dazu nicht imstande fühlen: Holen Sie sich professionelle Hilfe. Sie brauchen sich deshalb nicht zu schämen – ganz im Gegenteil: Sie beweisen damit Selbstbewusstsein und Klugheit. Machen Sie sich eines besonders bewusst: Zeit ist nicht Geld. Wir können Zeit nicht tauschen, ersetzen oder aufsparen. Zeit ist Leben. Ihre Lebenszeit. Beschäftigen Sie sich mit der Frage: Was bin ich mir wert (siehe Seite 47–53).

Schutzschild und wappnet Sie garantiert gegen die üblichen Stress-auslöser, die Sie nun mit einem eleganten Manöver ausknocken.

So tappen Sie nicht mehr in Stressfallen

Notieren Sie, in welchen Situationen Sie dazu neigen, die Fassung zu verlieren. Vielleicht stresst es Sie, wenn das Telefon ständig klingelt, wenn Sie mehr als drei Projekte gleichzeitig auf dem Tisch haben, bei einer Behörde anrufen müssen oder bei der monatlichen Versammlung vor allen Kollegen reden sollen, wenn Sie die Kleinen morgens nicht aus dem Bett kriegen, das Auto kaputt ist oder wenn Sie hungrig sind oder Geldsorgen haben.

Indem Sie Ihre typischen Stressfallen entlarven und benennen, legen Sie ein Brett über die Fallgrube. Sie arbeiten nun mit einem Sicherheitssystem und können den Stress von vorneherein unterbinden, indem Sie Gegenmaßnahmen ergreifen:

Bei Stau: Sie wollten schon immer italienisch lernen? Jetzt ist die Gelegenheit! Bei Hunger: Ab sofort haben Sie stets einen Apfel

übung

TRAUMREISE:
ICH BIN DANN MAL WEG

Können Sie sich heute noch an den Schnee von gestern erinnern?
An die alten Kamellen vom letzten Jahr? Zum Glück nicht! Die Zeit
spült alles Unnötige fort. Machen Sie sich dies immer wieder
bewusst, indem Sie in Stresssituationen mal kurz »verreisen«.
Ganz weit weg. So geht's:

Begeben Sie sich an einen angenehmen Ort und setzen Sie sich
bequem hin. Schließen Sie die Augen und atmen Sie dreimal hin-
tereinander tief ein und wieder aus. Stellen Sie sich nun vor, dass
Sie sich nicht etwa auf einem herkömmlichen Stuhl oder Sofa
befinden, sondern in einer Zeitmaschine und die hebt jetzt ab.

Sie reisen vorwärts. In Ihre Zukunft. Zehn, zwanzig oder dreißig
Jahre weit nach vorne. Wie alt sind Sie nun? Blicken Sie von
diesem Zeitpunkt über die Jahrzehnte zurück zu dem Moment,
der Sie eben noch so sehr gestresst hat. Es wird Ihnen bewusst,
wie unbedeutend dieses Ereignis aus dieser Perspektive für Sie
ist. Vielleicht müssen Sie grinsen. Das ist erlaubt. Bleiben Sie so
lange in Ihrer Zukunft, wie es Ihnen angenehm ist, und kehren Sie
dann positiv aufgetankt zurück in Ihre Gegenwart.

oder Studentenfutter dabei. Wenn Sie einen unangenehmen Anruf
tätigen müssen: Machen Sie ein Spiel daraus. Stellen Sie sich vor,
nicht Sie riefen dort an, sondern eine Freundin, die beneidenswert
souverän ist. Wie sehen Ihre Brücken über die typischen Stressfallen aus?

SO HAT DER
STRESSTEUFEL KEINE CHANCE

In der Ruhe liegt die Kraft

1. Lassen Sie vor Ihrem inneren Auge ein Bild entstehen, das Sie entspannt. Vielleicht denken Sie an eine schöne Erinnerung oder eine Fantasie.

2. Intensivieren Sie das Bild und nutzen Sie dabei alle Ihre Sinne. Wie genau sehen die Farben aus? Was hören Sie? Was riechen Sie? Was schmecken Sie? Was spüren Sie?

3. Tauchen Sie Atemzug für Atemzug tiefer ein in das Bild.

4. Genießen Sie es und kommen Sie dann zurück an den Ort, wo Sie sind. Ganz ruhig. Ganz entspannt. Ganz gelassen. Genau so meistern Sie nun alles, was Ihnen bevorsteht. Aufgetankt mit positiver Energie.

Notfalltipps bei Stressgefahr

- ganz bewusst mehrmals tief ein- und ausatmen
- bis 10 oder auch bis 100 zählen
- an den letzten Lachanfall denken
- etwas an die Wand werfen
- Treppen rauf und runter rennen
- schreien, schreien, schreien
- ein Kopfkissen verprügeln

Malen Sie den Stressteufel an die Wand

Sollten schnöde Listen Sie weniger inspirieren: Was halten Sie davon, sich Ihren Stressteufel an die Wand zu malen?

Nehmen Sie ein Blatt Papier und schreiben Sie in die Mitte »Mich stresst …«. Dann notieren Sie alle Situationen, Menschen, Aufgaben, Themen, Lebensbereiche, die Sie stressen um diesen Mittelpunkt herum. Hohen Stress platzieren Sie nah der Mitte, niedrigen weiter außen. Sie können die Stressintensität zusätzlich mit Zahlen verdeutlichen: 1 = wenig Stress, 5 = hoher Stress. Jetzt noch einen Kreis um das Ganze zeichnen, zwei Beine, zwei Arme und zwei kleine Teufelshörner – fertig ist der Stressteufel. Mit so einem Stressbild erhalten Sie einen Überblick über die »typischen Verdächtigen«.

Malen Sie den Teufel ruhig alle paar Wochen an die Wand und vergleichen Sie, was sich verändert hat. Sicher, das Bild allein ist noch keine Lösung, doch es ist der erste Schritt dazu. Wir kämpfen dann nicht mehr gegen einen unsichtbaren Gegner, sondern wissen genau, wo wir wachsam sein müssen. Denken Sie sich zu jedem Stressfaktor ebenfalls Gegenmaßnahmen aus *(siehe Seite 20)*. Aus gut informierten Kreisen wird immer mal wieder verlautbart, dass der Teufel das Weihwasser scheut. Nun, die klugen Faulpelze scheut er auch. Mit der Übung auf Seite 20 können Sie ihn ebenfalls zur Hölle fahren lassen!

HILFE! MEINE ZEIT HAT EIN LOCH!

Leider können wir keine Zeitsamenkörnchen in die Erde stecken, dreimal mit Liebe gegossen und fertig ist die knackig frische neue Stunde. Oder doch? Nein, wir haben alle gleich viel zur Verfügung. Dennoch macht es den Eindruck, als hätten manche Leute mehr, und als würde unsere Zeit dagegen geradezu dahinrasen. Ja wohin eigentlich? Und rennt die Zeit oder rennen wir, weil wir uns verschätzen? Nach dem Motto: Das hab ich rasch erledigt. Und

MEIN ZEITHAUS –
IL MIO PALAZZO

Stellen Sie sich Ihren Tagesplan wie den Grundriss eines Hauses vor. Die einzelnen Räume repräsentieren die Zeit, die Sie den verschiedenen Verrichtungen in Ihrem Leben täglich einräumen In welchen Lebensbereichen kommen Sie mit Ihrer Zeit ins Schleudern – oft, manchmal, selten oder nie?

		oft	manchmal	selten	nie
Büro	Routinearbeiten				
	Teamarbeit				
	Schreibkram				
	Telefonate				
	Termine				
	Meetings				
Privat- räume	Familie				
	Kinder				
	Freunde				
Küche & Garten	Putzen				
	Kochen				
	Einkaufen				
	Garten				
Hobbyräume	Fernsehen				
	Internet				
	Telefonieren				
	Sport				
	Kultur				

Sie können die Räumlichkeiten gerne nach Ihrem Geschmack gestalten. Tauschen Sie Zimmer, wo es Ihnen für Ihr Leben sinnvoll erscheint. Es kommt darauf an, das genau für Sie passende Zeitmanagement zu finden. Also lassen Sie sich kein möbliertes Zimmer vorsetzen, richten Sie sich nach Ihrer eigenen Lust und Laune ein. Und vergessen Sie das bequeme Sofa zum Abhängen nicht.

Greifen Sie aus Ihrer Liste nun drei Punkte heraus, die zu Ihrer Zufriedenheit oder vielleicht sogar glänzend klappen

1. _____
2. _____
3. _____

Und nun greifen Sie drei Punkte heraus, die Sie gerne verbessern möchten

1. _____
2. _____
3. _____

Gibt es bei den ersten Situationen irgendetwas, was Sie auf die zweiten übertragen können?

Stunden später ist kein Ende in Sicht. Die meiste Zeit verpufft, weil uns Ziele, Prioritäten und die Übersicht fehlen, die uns erfolgreich planen lassen. Zeitmanagement heißt, Chefin im eigenen Haus zu sein, und dieses Haus betrachten wir nun etwas genauer.

Wie ist unser Etat von täglich 24 Stunden aufgeteilt? In welchen Stockwerken horten wir wie viel? Welche Zimmer bekommen wie viel Aufmerksamkeit? Welche Erker verschwenden wie viele Ressourcen? Wo wird zu viel geratscht und wo flutscht die Arbeit? Was wird alles vorbeigeschmuggelt am Pförtner? Um dies festzustellen,

schätzen Sie bitte selbst einmal, durch welches Loch in Ihrem Leben die Zeit sich am liebsten verdünnisiert. Dazu finden Sie auf der vorhergehenden Doppelseite eine Tabelle, mit deren Hilfe Sie schnell einen Überblick über die Zeitfresser in Ihrem Leben erhalten.

Die Transfermethode

Nachdem Sie erkannt haben, wo Ihre Zeit entschwindet und in welchen Bereichen Sie bereits eine Meisterin des Zeitmanagements sind, können Sie mit der Transfermethode arbeiten. Dazu ein Beispiel: Sabine ist im Beruf ein absoluter Teamplayer. Ihren privaten Papierkram kriegt sie leider nicht so flott auf die Reihe. Eines Tages lädt sie ihre beste Freundin zum Abendessen und Fotosortieren ein. Die beiden haben einen lustigen Abend mit Hunderten von Fotos, die nach Jahreszahlen sortiert in Kuverts gelegt werden. Sabine hat die Bestätigung, dass es sich lohnt, positive Eigenschaften von einem in den anderen Bereich zu übertragen – was nicht bedeutet, dass sie in Zukunft nur noch in Begleitung aufräumen kann. Doch sie kennt jetzt eine typische Gefahrensituation. Damit kann sie sich selbst auch liebevoller begegnen, nach dem Motto: »Ich bin halt so. Das sollte ich einkalkulieren und eine Strategie entwickeln.«

Finden Sie also heraus, was bei Ihnen gut klappt und wie Sie diesen Schwung auf Bereiche übertragen können, die verbesserungsbedürftig sind. Das kann ganz spontan geschehen wie bei Linda, die für ihr Leben gern tanzt. Putzen dagegen hasst sie. Eines Tages erfindet sie zufällig einen »Putzbauchtanz«, denn Bauchtanz lernt sie seit Neuestem – und sie wird immer besser, weil sie beim Putzen mit den Hüften Achten beschreibt, den Lappen auswringt und theatralisch auf den Boden klatscht … und richtig Spaß hat. Putzen ist eigentlich gar nicht so schlimm, wenn man weiß, wie! Linda hat die ungeliebte Tätigkeit aufgewertet durch etwas, was sie mit Freude tut. Was könnte das bei Ihnen sein? Welche Dinge könnten Sie miteinander vermählen, damit es besser flutscht? Telefonieren und bügeln vielleicht – ein Headset anschaffen. Oder besser gleich zwei und sich mit der Freundin zum gemeinsamen Bügeln verabreden. Ist einfach praktischer, als das Bügelbrett zu transportieren und dann vor lauter Lachen so geplättet zu sein, dass die Wäsche Falten wirft. Trauen Sie sich, unkonventionell zu denken! Entdecken Sie die Geheimnisse zwischen den Sekundenstrichen. Dort wachsen die Ideen, die Ihnen Ihre Zeit versüßen!

Die Melonenstrategie

Es gibt nicht nur Ihre persönlichen Zeitspartipps, sondern auch viele erprobte Strategien, mit denen sich die Zeit effektiv und effizient nutzen lässt. Hierzu gehört die Philosophie der kleinen Schritte: die Melonenstrategie.

Manchmal scheitern wir nämlich daran, dass unsere Vorsätze größer sind als wir selbst. So verlangen wir uns nicht selten größere Schritte ab, als wir zu leisten in der Lage sind. Wir meinen, wenn wir jetzt dann wirklich mal endlich anfangen, müssten wir auch total gründlich sein und alles auf einmal tun. Wir nehmen uns vor, die Speisekammer, das Bad oder den Keller aufzuräumen. Aus dem Aufräumen wird dann ein halbes Ausräumen und ganzes Chaos. Die Lösung: Nehmen Sie sich immer nur ein kleines Stück vor. Nicht alles auf einmal: »Heute widme ich mich dem Schrank hinter der Tür. Und punkt. Heute widme ich mich der Kartei von A bis G. Und punkt.« So klug portioniert planen Sie ein Erfolgserlebnis, das Sie beflügelt – und Sie sind motiviert, demnächst weiterzumachen! Haben Sie schon mal eine Wassermelone auf einen Happs gegessen? Nein? Geht auch nicht. Genauso wie eine Melone lässt sich auch ein Vorhaben in kleine, leicht verdauliche Stücke teilen.

- Formulieren Sie Ihr Ziel, am besten schriftlich.
- Zerlegen Sie es in Teilstücke bzw. Teilaufgaben.
- Ordnen Sie diese Teile nach Termin und Priorität.
- Genießen Sie Stück für Stück und kontrollieren Sie, ob Sie auch immer schön aufgegessen haben.

Die meisten Menschen wollen alles auf einmal und sofort. Dies ist einer der häufigsten Gründe für ein Scheitern. Wir scheitern, weil wir die Taube auf dem Dach dem Spatz in der Hand vorziehen. Wir scheitern, weil wir uns überfordern, wenn wir ohne Prioritäten und Pausen planen.

Wo sind die schwarzen Löcher in Ihrem Zeituniversum?

Zeit besteht aus Wochen, Tagen, Stunden, Minuten, Sekunden und die dauern alle gar nicht so lang. Sicher, eine Minute hat 60 Sekunden, doch manche Minuten scheinen mindestens 300 Sekunden zu ticken, wenn nicht noch länger! Das ist Relativität, wie wir seit Einstein wissen, und der erklärt es folgendermaßen: »Wenn man mit einem netten Mädchen zwei Stunden zusammen ist, hat man das Gefühl, es seien zwei Minuten; wenn man zwei Minuten auf einem heißen Ofen sitzt, hat man das Gefühl, es seien zwei Stunden.«

Können Sie Ihrem Zeitgefühl trauen? Sicher? Kontrolle ist besser! Überprüfen Sie doch einmal, wie treffsicher Sie in der Einschätzung Ihrer Zeit sind. Um sich einen guten Eindruck davon zu verschaffen, könnten Sie ein bis drei Tage lang ein Zeitprotokoll führen, in dem Sie notieren, wie viel Zeit Sie wofür brauchen *(siehe Seite 28)*. Mit Uhr! Richtig interessant wird dieses Controlling, wenn Sie vor Beginn der Aufzeichnungen eine Schätzung abgeben. Wahrscheinlich werden Sie ein Wunder erleben, sobald Sie Ihre Vermutung mit der Realität vergleichen. Viele Menschen kollidieren bei dieser Übung mit den Naturgesetzen. Sie erschaffen Tage, die schon mal 30 Stunden dauern. Also zurück auf Start und zu den gegebenen 24 Stunden und einer Uhr, mit der Sie die Basis für Ihr zukünftiges Zeitmanagement festlegen. Sie werden staunen, wie viel Zeit für manches draufgeht, was Sie gar nicht wollen. Genau

IHR GANZ PERSÖNLICHES
ZEITPROTOKOLL

Notieren Sie, wie viel Zeit Sie wofür benötigen. Selbstverständlich können Sie diese Liste Ihren persönlichen Gegebenheiten anpassen.

	St.Min. pro Tag	pro Woche	pro Monat	pro Jahr
Arbeit				
Einkaufen				
Essen				
Familie				
Fernsehen				
Freunde				
Garten				
Haushalt				
Haustiere				
Hobbys				
Körperpflege				
Internet				
Lesen				
Pausen, Mußestunden				
Schlafen				
Sport				
Telefonieren				
Fahrzeiten				
Vereine				
Privater Bürokram				
Summe + was bleibt				
was ist	24 Stunden	7 Tage	30 Tage	365 Tage

hier können Sie ansetzen, wenn Sie erst mal wissen, wo sich das Loch in Ihrer Zeit versteckt.

Ist diese Hochrechnung nicht erstaunlich? Wo haben sich in Ihrem Zeituniversum schwarze Löcher aufgetan? Ist es die Telefonitis? Oder ernährt sich der Fernseher – nun, das haben wir ihm insgeheim schon immer unterstellt – von Zeit? Jetzt sehen Sie schwarz auf weiß, wo Sie den Rotstift ansetzen können. Sollten Sie freiberuflich tätig sein, hilft Ihnen das Zeitprotokoll dabei, nicht aus der, sondern in die eigene Tasche zu wirtschaften.

GUTE-LAUNE-ZEIT: ICH MACHE, WAS ICH WILL

Gut gelaunt sind wir meist dann, wenn wir unsere Zeit mit Dingen verbringen, die wir gerne machen. Was wir selbstbestimmt tun, geht uns leicht von der Hand, es flutscht – schließlich stehen wir voll und ganz dahinter. Wozu wir uns gezwungen fühlen ... nun, da hakt es manchmal und das ist ärgerlich, weil wir dann genau mit den Tätigkeiten, die wir schnell vom Tisch haben wollen, mehr Zeit verbringen als mit den schönen. Was tun?

1. Sie machen nur noch schöne Dinge.
2. Sie sorgen dafür, dass die unschönen Dinge schön werden.

Wenn Sie sich spontan zu Punkt eins hingezogen fühlen, weist das darauf hin, dass Sie Ihr Leben in manchen Bereichen grundlegend verändern möchten. Dabei können Sie besonders die Kapitel über Werte und Ziele inspirieren *(siehe Seite 47–65)*. Solche Veränderungen dauern erfahrungsgemäß länger. Schneller geht es, wenn Sie versuchen, die weniger schönen Dinge schöner zu gestalten. Haben

Sie schon mal darüber nachgedacht, dass die Art und Weise, wie Sie leben, im Nachhinein, also in der Zukunft, unveränderbar ist? Bei Peter Ustinov klingt das so: »Jetzt sind die guten alten Zeiten, nach denen wir uns in zehn Jahren zurücksehnen.«

Ja! Wir möchten uns an die schönen Dinge erinnern und uns die Zeit nicht verderben. Wie soll das auch gehen: Zeit kann ja gar nicht schlecht werden, weil sie immer gleich vorbei ist. Jede Zeit kann eine schöne Zeit sein, wenn Sie sie aktiv gestalten.

Fremdbestimmte Zeit

So nennen wir jene Zeit, in der wir Dinge tun, die wir lieber nicht tun würden, aber tun müssen. Arbeiten vielleicht. Den Keller entrümpeln. Auf eine Freundin warten, die schon wieder zu spät kommt. Zur fremdbestimmten Zeit gehört auch jene Zeit, die eigentlich nicht fremdbestimmt sein müsste. Etwa die Arbeit im Haushalt. Die machen Sie vielleicht nicht gern, weil Sie Lindas »Putzbauchtanz« *(siehe Seite 25)* noch nicht für sich entdeckt haben. Sie fühlen sich gezwungen. Das ist eine ganz schlechte Voraussetzung, um in Schwung zu kommen. Häufig schleicht sich die fremdbestimmte Zeit auch heimtückisch ein. Irgendwann einmal haben Sie für einen lieben Menschen etwas gern getan. Sie haben Ihr Umfeld verwöhnt – freudig und aus vollstem Herzen. Und daran haben die anderen sich gewöhnt und wollen es nicht mehr hergeben. Sie erwarten es einfach von Ihnen, egal wie viel Sie um die Ohren haben. Und so verwandelt sich eine selbstbestimmte in eine fremdbestimmte Zeit. Diese können Sie häufig an der Vorsilbe »un« erkennen. Etwas ist unübersichtlich, unerträglich, unschön, unangenehm, unbekömmlich. Und dann sind Sie vielleicht unleidig.

WECHSELN SIE
IHREN BLICKWINKEL

Unterteilen Sie ein Blatt Papier in zwei Spalten. Notieren Sie in der linken Spalte solche Aufgaben, die Sie ungern übernehmen, bei denen Sie sich deutlich fremdbestimmt fühlen. Und dann denken Sie ein bisschen nach. Gerne unkonventionell. Springen Sie über die Zäune Ihrer Glaubenssätze. Galoppieren Sie über wilde Wiesen und am Strand entlang, bis der Sand und die Gischt hoch aufspritzen. Notieren Sie die Erkenntnisse, die Sie in Zukunft beflügeln, in die rechte Spalte. Hier ein paar Beispiele:

negative Situation	positive Assoziation
Die Rumsteherei im Stau nervt mich.	Ich habe endlich Zeit für Hörbücher. Am Montag hole ich mir welche aus der Bücherei.
Ich könnte aus der Haut fahren, wenn mir mein Chef immer wieder Sisyphusarbeit überträgt.	Mein Chef zeigt mir, dass er große Stücke auf mich hält und vertraut mir komplizierte Aufgaben an.
Ich hasse es, wenn ich die in der Wohnung verstreute Wäsche meiner gesamten Familie aufräumen muss.	Toll, wie viele Klamotten wir haben! Da brauchen wir dieses Jahr nichts mehr zu kaufen und haben mehr Geld für den Urlaub.
Es stresst mich, wenn meine Frau mit mir shoppen will und mich ständig nach meiner Meinung fragt, weil sie sich so schwer entscheiden kann.	Sie sind ein glücklicher Mann: Obwohl Ihre Frau so hohe Maßstäbe anlegt, hat sie sich für Sie entschieden!

Selbstbestimmte Zeit

Hier tun Sie genau das, was Sie wollen, und zwar wann Sie wollen. Und wenn Sie mal ganz ehrlich mit sich sind, stellen Sie vielleicht fest, dass Sie im Grunde zwar eine Menge selbstbestimmter Zeit haben, dass aber dauernd irgendetwas dazwischenkommt. So schmilzt die selbstbestimmte Zeit wie Schnee in der Sonne und man könnte sich gleich danebenhocken und mitheulen. Das tun wir aber nicht. Stattdessen wenden wir eine Strategie an, die fremdbestimmte Zeit in selbstbestimmte Zeit verwandelt. Damit sie uns besser gefällt, wir uns besser fühlen und mehr erledigen.

»Mein Schreibtisch quillt über vor Arbeit, das macht mich wahnsinnig«, stöhnt Sarah. »Super, dass der Tisch so voll ist«, erwidert Liane. »Da siehst du mal, wie gefragt du bist und brauchst dir keine Sorgen zu machen, dass dir die Arbeit ausgehen könnte.« »Aber«, will Sarah sagen, weil das mit dem Aber ganz automatisch geschieht: Kaum kommt ein guter Vorschlag, schlägt das Aber zu. Doch dann schluckt sie es runter. Denn Liane hat ja recht. Sie hat die Sache aus einem anderen Blickwinkel betrachtet. Und aus diesem Blickwinkel heraus ist es gar nicht mehr schlimm. Wie dieser Perspektivenwechsel gelingt, erfahren Sie im Kasten auf Seite 31.

Mit solchen Tricks können Sie Ihr Gehirn positiv programmieren – und viel Zeit sparen, weil sich die Dinge so leichter erledigen lassen. Vergessen Sie nie: Sie haben die Wahl, ob das Glas halb voll oder halb leer ist. Diese Entscheidung nimmt Ihnen niemand ab, und es ist ein Märchen, wenn jemand behauptet, es würde länger dauern, das halb volle Glas auszutrinken. Niemand sagt, dass Sie sich die Welt schön reden sollen. Sie sollen nur mal einen Schritt nach rechts oder links wagen, auf einen Stuhl steigen oder sich bücken. Den Blickwinkel wechseln – und sich überraschen lassen, wie die Welt aus dieser neuen Perspektive aussieht.

Zugegeben, manche Aufgaben werden nicht schön. Trotzdem haben sie einen Sinn und sobald wir ein Ziel erreichen, schüttet unser Gehirn Endorphine, Belohnungshormone aus und wir fühlen uns gut. Dem Gehirn ist es dabei schnurzegal, ob das Ziel geordnetes Ablagesystem, Notartermin oder Megaeinkauf heißt. Lara, selbstständige Grafikerin, jammert sich bei ihrer Freundin Isabella aus, weil sie null Zeit hat. »Nach dem Aufstehen muss ich mit dem Hund raus, dann schnell frühstücken und husch, husch in mein Atelier, kaum schaue ich dreimal auf die Uhr, ist es Mittag und ich muss schon wieder Gassi gehen, meistens treffe ich da irgendwen, damit ich meine Sozialkontakte abhake, dann schnell nach Hause, was essen und weiterarbeiten und im Nu ist es sechs und ich muss zum Yoga, sonst wird es mir zu spät und ich schaff' es nicht mehr zum Freiberuflerstammtisch, ich hab echt null Zeit für mich.«

»Hä?«, fragt Isabella. »Ich höre nur: Hund, Gassi, Leute treffen, Yoga, Stammtisch. Das ist dein Tag?«

»Ja, und das ist total stressig.«

»Ich glaub, du brauchst mal eine Gehirnwäsche«, stellt Isabella fest und macht Lara klar, dass sie diese Punkte unter Freizeit buchen könnte, nicht unter Arbeit.

»Aber ich muss das doch alles tun, also ist es Arbeit«, findet Lara.

»Das ist reine Definitionssache«, beharrt Isabella und Lara probiert es in der Folge mal aus und stellt fest: Sie hat ziemlich viel Freizeit! Sogar das Gassigehen macht Spaß, seit es keine Arbeit mehr ist.

Der Trick ist, so viel Zeit wie möglich als Gute-Laune-Zeit zu verbringen, denn wir haben in jeder Sekunde nur einmal die Chance, diese Sekunde zu leben. Was wir gut gelaunt tun, spart Zeit, weil wir schneller sind, bessere Ideen haben und folglich besser gelaunt sind.

Eigenlob duftet

Dieses Parfüm gehört unbedingt in unseren Gute-Laune-Kosmetikkoffer. Lob haben Sie praktisch immer verdient. Davon kann man gar nicht genug bekommen. Wir alle loben uns selbst viel zu wenig – und andere manchmal auch. Loben ist ein Motivationsbeschleuniger. Es macht das Leben schöner. Wie die Erfolgstagebucheinträge über die drei schönen Dinge – Sie halten doch noch durch *(siehe Seite 10)*? Auch ein gelegentlicher Dank dafür, dass es Ihnen gut geht, ist eine Art von Lob – oder ein Gebet. Anlässe, die Sie zu einem Griff in den Lobkoffer verlocken sollten:

- Wenn Sie etwas erledigen konnten, das Sie lange aufgeschoben hatten.
- Nach jeder größeren Aufräumaktion.

- Wenn Sie ein längerfristiges Projekt abgeschlossen haben.
- Wenn Sie etwas weggeschafft haben, was Sie Überwindung gekostet hat.
- Wann immer Sie eine Aufgabe erledigt haben.
- Wenn Sie Ihre To-do-Liste geschafft haben.
- Wenn Sie Nein gesagt haben zu einer Sonderaufgabe.
- Wenn Sie nicht ans Telefon gegangen sind oder sich gegenüber einer anderen Störquelle immun zeigten.

Kleinigkeiten? Ja – allerdings mit großer Wirkung, denn sie motivieren uns, gut gelaunt weiterzuarbeiten. Das Lob darf gern süß sein! Ein Stück Kuchen, ein Kinobesuch, ein Paar neue Schuhe – je nachdem. Und loben Sie sich laut. Sie haben nichts zu verstecken oder verheimlichen und peinlich ist das auch nicht.

Übrigens: Wer mit Freude bei der Sache ist, steigert die Qualität seiner Ergebnisse – und diese werden in kürzerer Zeit erreicht.

Die Kunst ist: andere machen lassen

Erstens: Sagen Sie so oft wie möglich nein zu solchen Aufgaben, die Ihnen schlechte Laune machen. Wie das auch noch Spaß bringt, erfahren Sie später *(siehe Seite 151–159)*.

Zweitens: Wenn Sie doch nicht umhinkommen, ja zu sagen, drücken Sie die Aufgabe einem anderen auf, verkaufen Sie diese aber so, dass der sie gerne macht. So hat es Tom Sawyer gehalten, als Tante Polly ihn dazu verdonnerte, einen Zaun zu streichen. Er verwandelte die ungeliebte Aufgabe in eine begehrenswerte Tätigkeit und überzeugte andere, welche Ehre es sei, den Zaun zu streichen. Lassen Sie sich also ein Spiel einfallen, damit Ihre Familie mit Begeisterung die Wohnung in Schuss hält. Sparen Sie nicht mit Lob: »Das hast du toll gemacht! Ich bin stolz auf dich! Super sieht das aus!«

Drittens: Wenn gerade niemand vorbeikommt, der Ihren Zaun streichen möchte, könnten Sie jemanden dafür bezahlen, ungeliebte Aufgaben zu übernehmen. Sie brauchen kein schlechtes Gewissen zu haben, wenn Sie eine Reinigungskraft engagieren. Weshalb auch? Die freut sich, dass sie Geld verdient, und wenn sie richtig taff ist, dann putzt sie auch noch gerne – ja, so was soll es geben!

Viertens: Ihre Freundin ist fit im Zahlenjonglieren – so wie Sie bei den Buchstaben? Vereinbaren Sie einen Tausch: Du machst meine Steuer, ich erledige deine Korrespondenz. Ihre Nachbarin bügelt gern auch fremde Blusen, weil sie dann ohne schlechtes Gewissen *Sturm der Liebe* kucken kann? Super! Dafür bringen Sie ihr öfter was vom Einkaufen mit und stellen ihr samstags frische Brötchen vor die Tür.

Noch mehr praktische Tipps rund ums Delegieren finden Sie im vierten Kapitel auf den Seiten 161 bis 165.

Die Gute-Laune-Zeit ist selbst organisierte Zeit! Wer gut organisiert ist, hat weniger Stress und mehr Zeit zum Faulenzen, erledigt vieles auf einmal, aber nichts doppelt, hat alles im Griff und verhindert, dass aus Mücken Elefanten werden.

Was du heute kannst besorgen

Selbstorganisation klingt anstrengend, spart aber in Wirklichkeit Kraft und Energie. Selbstorganisation ist das Geheimnis der klugen Faulpelze. Tun Sie, was immer möglich ist, sofort. Sie lassen den Blick schweifen und sehen da oben an der Decke eine Spinnwebe? Hm. Man müsste mal wieder kehren. Nicht nur diese Ecke. Das komplette Zimmer. Alle Zimmer. Und den Keller auch. Hm. Vielleicht am Wochenende. Am besten erst mal wegschauen. Nicht mehr dran denken … Meistens klappt das aber nicht. Die Spinne hat sich längst eingenistet in Ihren Gedanken und webt dort eifrig weiter und wickelt ihre Fäden um andere wichtige Gedanken, raubt Ihnen Platz für Logik und Logistik. Was wäre, wenn Sie sofort aufstünden, die eine entdeckte Spinnwebe abkehren würden und mit dem weitermachten, womit Sie beschäftigt waren?

Es könnte sein, dass Sie sich dann besser fühlen. Sie brauchen sich nichts zu merken. Sie sind sofort wieder frei, ruckzuck. In diesem kleinen Entfernen einer Spinnwebe verbirgt sich eines der Geheimnisse des gelungenen Zeitmanagements. Ja, aber, mögen Sie einwenden, bei Ihnen habe sich viel mehr angesammelt als nur eine Spinnwebe. Klar. Wenn wir Kleinigkeiten nicht sofort erledigen, sammelt sich viel an und vor allem haben wir dann häufig keine Lust mehr, sie zu erledigen, weil sie keine Kleinigkeiten mehr sind. Deshalb: Lieber die Spinnwebe aus der Ecke saugen, bevor die Spinne das ganze Zimmer in Beschlag nimmt.

Quickies

Ein Quickie beflügelt, regt an und lässt den Alltag flutschen. Wir sollten mindestens zehn am Tag davon haben. Ein Quickie dauert höchstens eine Minute. Genauer gesagt zwischen einer und 59 Sekunden. Er kann überall genossen werden. Draußen, drinnen, im Auto. Zum Beispiel: Sie ziehen die Besteckschublade auf, um eine Schere zu holen, mit der sie eine Verpackung öffnen. Dann legen Sie die Schere auf den Tisch. Die Schublade bleibt offen. Machen Sie nun einen Quickie oder fahren Sie später das volle Programm? Kluge Faulpelze geben dem Quickie den Vorzug: Schublade auf, Schere nehmen, Packung öffnen, Schere zurück, Schublade zu.

»Kannst du mir die Nummer von dieser tollen Hautärztin geben?«, spricht eine entfernte Bekannte auf Ihren Anrufbeantworter.

Sie neigt zu Logorrhoe (Sprechdurchfall). Deshalb wollen Sie nicht zurückrufen, weil Sie heute so viel zu tun haben. Also die Nummer per SMS weitergeleitet. Flotte Finger schaffen das locker als Quickie. En passant zu bewältigen ist es, die Spülmaschine gleich einzuräumen, anstatt das Geschirr zuerst vom Tisch in die Spüle zu stellen. Die Papiere sofort einzuordnen, anstatt sie erst mal auf die Garderobe, dann auf den Küchentisch, den Wohnzimmertisch, die Treppe zu legen. Eine Minute kann verdammt lang sein. Manche absolvieren in 60 Sekunden drei oder vier Quickies!

Und danach fühlen Sie sich … wunderbar!

PERFEKT PLANEN: PAUSEN UND PUFFER

Wie lange brauche ich für die Präsentation, die Muffins für den Kindergeburtstag, das Mitarbeitergespräch, die Einkäufe? Eine Stunde? Gut. Planen Sie also zwei Stunden ein.

Genau in diesem Punkt unterscheiden sich die klugen Faulen von den Gestressten: Wer Puffer und Pausen einplant, gerät selten ins Schleudern. Dann ist immer Luft drin für Unvorhergesehenes: der Computer stürzt ab, ein Kind mit Kummer, misslungene Muffins. Die Rechnung ist einfach: Wenn Sie in acht Stunden pausenlos Termine schichten, dann darf absolut nichts schief gehen. Es geht aber immer was schief, denn Sie sind ja nicht allein auf der Welt.

Puffer sind Joker

Ihre Zeitjoker ziehen Sie wie Spielkarten aus dem Ärmel. Je mehr, desto besser. Wir können ja auch mal krank werden. Oder einen schlechten Tag haben. Die Arbeit muss trotzdem getan werden.

Und dann wird es eng und enger. Wer zuvor schon klug war und die Spinnweben aus den Ecken gekehrt hat, kann hier noch mal durchatmen. Zeitmanager leben gepuffert. Die können auch mal einen Wasserrohrbruch trockenlegen und trotzdem ist kein Land unter im Terminkalender. Einfach deshalb, weil sie Puffer lassen für das Unvorhersehbare, das schlicht Leben heißt.

Wenn Sie ganz relaxt sind, fast schon cool, verdoppeln Sie die Zeit für Ihre Aufgaben: Aus einer Stunde mach zwei. Wenn Sie sich das nicht trauen, dann schlagen Sie ein Drittel mehr drauf. Dieses Drittel schenkt Ihnen Luft zum Atmen und macht das Leben schön und es gönnt uns zuweilen eine spontane Undiszipliniertheit. So ist es möglich, eine gute Bekannte zwischendurch schnell zu treffen oder einen Sonderauftrag einzuschieben. Aber Vorsicht mit Ihrem Ja! Nein sagen ist wichtiger! *(siehe Seite 151–159)*

Gehören Sie zu den Menschen, die glauben, sie müssten alles schaffen, was sie sich vornehmen? Dann machen Sie es sich leicht: Nehmen Sie sich einfach weniger vor. Sie werden nicht schlechter arbeiten oder weniger verdienen, wenn Sie anders planen. Denn Arbeit dehnt sich in dem Maß aus, in dem Zeit für ihre Erledigung zur Verfügung steht. Und Faulenzen erst recht!

Das Parkinsonsche Gesetz

Wie lang ist lang? So lang Sie wollen! Wenn Sie sich einen Tag lang Zeit nehmen, um die Schränke in der Garage auszumisten, werden Sie einen Tag brauchen. Nehmen Sie sich den Samstagnachmittag dafür vor, schaffen Sie es in einem halben Tag. Sie finden auch das Kleid zur Hochzeit Ihrer besten Freundin in drei Tagen oder drei Stunden – je nachdem, wie viel Zeit Sie dafür veranschlagen.

Dieses Phänomen hat der Soziologe Cyril Northcoe Parkinson untersucht und herausgefunden, dass es oft besser ist, weniger Zeit einzuplanen. Vielleicht haben Sie das Parkinsonsche Gesetz bereits unbewusst verinnerlicht. Ist es Ihnen schon öfter passiert, dass Sie zu Beginn eines längerfristigen Projekts dachten: Bis Mitte März bin ich fertig. Und – wann waren Sie fertig: Mitte März, genau, obwohl Sie das unmöglich im Oktober des vorangehenden Jahres wissen konnten. Sie vielleicht nicht. Aber Parkinson!

Dummerweise funktioniert dieser geniale Trick nicht ständig, überall, immer. Sie können nicht festlegen, in einer Stunde mit der Reisekostenabrechnung der letzten drei Monate fertig zu sein. Doch Sie können Ihren Spielraum definieren. Besonders bei Besprechungen, die sich gern ins Unendliche ausdehnen, ist das wichtig. Man hätte so viel zu tun, muss aber hocken bleiben, bis der letzte Wichtigtuer auch noch seinen Senf dazugegeben und das Gleiche gesagt

PLANEN SIE
RÜCKWÄRTS

Lothar Seiwert, der führende Experte in Sachen Zeitmanagement, hat einen ganz besondern Tipp ausgetüftelt und ihn »Planung rückwärts« genannt: Wenn es darum geht, ein langfristiges und anspruchsvolles Projekt zu planen, hilft ein einfacher Trick: Arbeiten Sie mit einem umgekehrten Kalender. Notieren Sie sich also zunächst den Termin, an dem das Projekt fertig sein soll. Rechnen Sie dann von dort aus rückwärts in Richtung Gegenwart und legen Sie Termine für die einzelnen Arbeitsschritte fest. So stellen Sie sicher, dass Sie rechtzeitig anfangen, nichts vergessen und zum Schluss nicht in Zeitnot geraten.

hat wie zu Beginn der Besprechung sein Konkurrent um die Beförderung. Setzen Sie ein Limit oder schlagen Sie es vor: Das Meeting dauert von 14 bis 16 Uhr. Nach einer Weile haben Ihre Kollegen sich an das neue System gewöhnt und werden es Ihnen danken. Besprechungen gehören nun mal zu den schlimmsten Zeitfressern.

Aufs Minimum setzen – das Maximum rausholen

Viele Menschen, die Termine gewissenhaft eintragen, tun dies eigentlich nur zu 50 Prozent, indem sie zwar den Beginn, nicht aber das Ende eines Termins festhalten. Und das führt zu Problemen. Gewohnen Sie sich am besten an, stets auch ein Ende anzugeben. Ja, es kann sein, dass sich andere zuerst brüskiert fühlen. Doch schnell werden Sie merken, wie gut das tut – auch im Privatleben. Sie wissen dann, was anliegt, und können den Verlauf eines Wochenendes besser planen: »Wir treffen uns von zehn bis zwei,

INFO

GIPFELSTÜRMER PLANEN MIT DER
ALPEN-METHODE

Mit der sogenannten Alpen-Methode, einer erfolgreichen Strategie des
Zeitmanagements, planen Sie Termine und Aufgaben folgendermaßen:

A   Aufgabe aufschreiben

L   Länge schätzen

P   Puffer einplanen

E   Entscheidungen treffen, Prioritäten setzen

N   Nachkontrolle, Bilanz ziehen

danach fahre ich nach Hause, ich will heute mit Tim ein Beet um-
graben.« Im Privatleben schadet eine Begründung nicht, sie nimmt
der Einschränkung die Schärfe. Erklären Sie diese neue Regel Ihren
Kollegen und Freunden. Rechnen Sie damit, auf große Zustim-
mung zu stoßen! Falls Sie diese Neuerwerbung in Ihrem Zeitmanagement feiern wollen: »Bis in die Puppen« reicht als Zeitangabe
für das Ende dieses vergnüglichen Termins!

PPP: Pausen, Puffer, Parkinson

Zeitgenossen mit hohem FF (Faulenzerfaktor) kombinieren die drei
Ps: Sie rücken Deadlines nach vorne, um erstens fremdbestimmte in
selbstbestimmte Zeit zu verwandeln, zweitens ohne Druck arbeiten zu können und drittens Spielraum zu haben für Engpässe, die
durch unvorhergesehene Ereignisse entstehen könnten.

Im Klartext: Verlegen Sie feste Abgabetermine. Der Quartalsbericht soll am 20. April fertig sein? Dann definieren Sie Ihren eigenen Abgabetermin: den 17. April. Das fühlt sich gut an, weil Sie bestimmen. Selbstverständlich behalten Sie es für sich, wenn Sie am 17. April fertig sind. Es gibt immer noch anderes zu tun. So hinken Sie nie hinterher. Ein sehr entspanntes Lebensgefühl!

Auf die drei Ps können Sie sich jederzeit verlassen. Ihr Unterbewusstsein wird dafür sorgen, dass Sie dann fertig sind, wann Sie fertig sein wollen *(siehe Seite 40–41)* – in einem realistischen Rahmen, das muss dazugesagt werden! Den realistischen Rahmen können Sie optimal mittels der Alpen-Methode ermitteln *(siehe Seite 42)*.

Ein Loblied auf das Mittagsschläfchen

Sollten Sie Kinder haben, wissen Sie das ohnehin: Je kleiner die Kinder, desto wichtiger die Puffer. Je angespannter Sie selbst sind, desto mehr trödeln die Kinder und desto mehr Katastrophen passieren auf dem Weg vom Bett zum Zähneputzen und zum Frühstückstisch und dann ist der Schulbus auch noch weg. Toller Tagesbeginn! Mit Puffern passiert das nicht. Besonders, wenn Sie sich ein Mittagsschläfchen gönnen! Betonung auf Schläfchen, nicht auf Schlaf. Schon fünf bis zehn Minuten sind eine Wohltat, 30 Minuten sind aber auch erlaubt. Und danach geht es weiter. Aber bitte nehmen Sie sich ein wenig Zeit zum »Zurückkommen«. Bestrafen Sie sich nicht mit der Hammermethode für ein kleines Nickerchen. Das entspannte Aufwachen dauert rund drei Minuten. Dann sind Sie wieder voll da. Korrektur: Noch viel energievoller! Nach einem Nickerchen flutscht alles besser. Die Pause kostet nichts, im Gegenteil: Wir gewinnen mehrfach, weil wir im Anschluss konzentrierter arbeiten, bessere Ideen haben, beschwingter sind.

RESSOURCEN
SCHÜRFEN

Wenn Sie sich das nächste Mal von einer Situation überfordert fühlen, dann ziehen Sie sich kurz zurück und atmen erst einmal so lange tief durch, bis Sie innerlich zur Ruhe gekommen sind. Überlegen Sie anschließend, ob es in der Vergangenheit eine ähnliche Situation gegeben hat, in der so viel von Ihnen verlangt worden ist. Ja? Und Sie haben diese Situation gemeistert? Prima! Wie genau haben Sie das damals gemacht? Welche Ihrer Eigenschaften haben Ihnen dabei geholfen?

Machen Sie sich bewusst, dass Sie es auch heute schaffen werden. So wie damals. Spüren Sie, wie sich das gute Gefühl von damals in Ihrem ganzen Körper ausbreitet. Auf geht's!

Über den Tag verteilt öffnen sich bei jedem Menschen »Schlafpforten«. Sie hängen mit unserer inneren Uhr zusammen. Wenn Sie eine solche Pforte nutzen, fällt Ihnen das Einschlafen leicht. Vielleicht kündigt sich eine Schlafpforte mit Gähnen an. In Experimenten wurde herausgefunden, dass Menschen im Abstand von vier Stunden regelmäßig einschlafen, wenn sie nichts zu tun haben, am liebsten zwischen neun und zehn, 13 und 14 und 17 und 18 Uhr.

Kleiner Tipp: Trinken Sie vor dem Mittagsschläfchen eine Tasse Kaffee. Koffein wirkt erst nach 30 Minuten – so stellen Sie sich einen natürlichen Wecker und sind beim Aufwachen gleich fit. Wenn Ihre Chefs sich nicht davon überzeugen lassen, dass ein Mittagsschläfchen sich lukrativ in der Firmenbilanz spiegelt, versuchen Sie so viele Pausen wie möglich zu ergattern, die Sie bewusst nutzen. Alle 90 Minuten sollten Sie sich ohnehin eine Pause gönnen. Um herauszufinden, wie lang 90 Minuten sind: Stellen Sie den Wecker in Ihrem Handy. Viele Leute staunen, wenn sie ihre gefühlten 90 Minuten neben die echten legen. Gönnen Sie sich auch zwischendurch kleine Pausen. Nutzen Sie einen Gang zu einem Kollegen, nehmen Sie die Treppe. Wenn Sie sich einen Kaffee holen, tun Sie das bewusst.

Lassen Sie kaltes Wasser über Ihre Hände laufen und stellen Sie sich vor, Sie würden sie in einen klaren Gebirgsbach tauchen. Hören Sie ihn murmeln: »Hallo Frau Zeitmillionärin!« Oder schauen Sie aus dem Fenster in den Himmel. Wie blau. Wie weit.

So vermeiden Sie Stress und brauchen keine Energie für Ausreden zu verschwenden. »Kind krank. Computer tot. Auto kaputt. Deshalb konnte ich nicht …« Die wenigsten Menschen fühlen sich gut bei vorgeschobenen Katastrophen.

Zeitdruck schrumpft Kreativität

Eine Untersuchung von Teres Amabile, Professorin an der Harvard Business School, hat einige weitverbreitete Mythen über Kreativität widerlegt. »Mitarbeiter sind am unkreativsten in einem Wettlauf gegen die Zeit«, stellte die Professorin fest. Zeitdruck behindert die Kreativität, weil die Gelegenheit fehlt, sich wirklich mit einem Thema auseinanderzusetzen und Ideen reifen zu lassen. Diese negative Auswirkung hält darüber hinaus tagelang an.

Zu einem ähnlichen Ergebnis kommt der Kreativitätsexperte Professor Ernst Pöppel: »Kreativität passiert einfach, man kann sie nicht verordnen.« Er plädiert ausdrücklich für Gespräche im Türrahmen – oftmals der Einstieg in einen kreativen Prozess … den wir uns aber nur leisten können, wenn wir ordentlich puffern! Also worauf warten Sie noch? Puffern Sie was das Zeug hält!

Mut zum Puffer

Gerne vergessen wir, dass wir die Chefs sind, die über unsere Zeit bestimmen. Die anderen richten lediglich Anfragen an uns. Diese Anfragen können wir erledigen, wenn es uns passt, nicht den anderen!

»Das kann ich in zwei Wochen machen.«

»Was! Erst in zwei Wochen!!!«

Hier hilft ein kleiner Trick. Betonen Sie in Ihrer Antwort, wie rasch Sie die Sache erledigen können: »Sie haben Glück. Da habe ich eine wirklich gute Nachricht für Sie. Das kann ich in diesem Fall schon in zwei Wochen machen.«

»Oh! Das ist ja toll! Danke!«

Der Durchbruch: Abbruch!

Abbrechen? Fragt der Computer. Ein Klick und weg damit. Menschen sind keine Computer. Sie brechen nicht ab. Sie halten durch. Da zeigt sich der wahre Charakter. Meinungsänderung unerwünscht!

Gerade bei der Terminplanung führt ein Abbruch häufig zum Durchbruch. Sonst kommen zu den alten Jobs, die wir durchhalten, ständig neue hinzu. Und schlafen sollten wir auch mal! Der Durchhaltewillen bis zum Letzten führt uns oft an die letzten Grenzen. Vor lauter Durchhalten vergessen wir hinzuschauen: Will ich das überhaupt? Ist es das Richtige für mich? Oder verbringe ich ständig Zeit mit Dingen, die ich nur deshalb mache, weil ich durchhalten muss oder soll? Weil meine Eltern das irgendwann gesagt haben? Der Dalai Lama sagt dazu: »Manchmal ist es Glück, wenn wir nicht das bekommen, was wir wollen.«

Den meisten Kindern wird beigebracht durchzuhalten: »Fang nicht ständig was Neues an! Bleib bei einer Sache!« Kaum jemand bestärkt uns darin aufzugeben, wenn wir nicht weiterwollen, obwohl das eine wertvolle Fähigkeit ist: eine Fehleinschätzung zu erkennen und ein Urteil zu revidieren.

Wir ändern uns und unsere Meinung und manchmal dauert es eine Weile, ehe wir erkennen, worauf wir uns eingelassen haben … Und das sollen wir dann weitermachen, bloß um durchzuhalten? Es gibt wohl kaum eine Erfolg versprechendere Methode, Zeit zu verschwenden, als sie mit Dingen zu verbringen, die man nicht tun will. Dafür bezahlen wir manchmal einen zu hohen Preis! Deshalb: Aufhören ist erlaubt! Lieber selbst aufhören, als aufgehört zu werden. Etwa durch einen Burnout. Aufgeben ist auch eine Lösung! Und sehr zu empfehlen, wenn es sich nach gründlicher Prüfung als richtig herausstellt. Woher wissen wir das? Indem wir kein Kuddelmuddel in unserer Wertehierarchie aufkommen lassen, sondern uns immer wieder ins Gedächtnis rufen, was wirklich wichtig ist.

WAS SIND
SIE SICH WERT?

Wenn wir unsere Zeit mit Dingen verbringen, die uns nicht wichtig sind, empfinden wir dies als Zeitverschwendung. Dieses diffuse Gefühl des allgemeinen Unbehagens kennt fast jeder. Zu wissen, was einem wichtig ist, bedeutet, sinnvoll zu leben. Wer keinen Sinn darin sieht, was er tut, dem fällt es schwer, glücklich zu sein. Seltsamerweise wissen viele Menschen zwar sehr genau, was sie nicht wollen. Sie wissen aber nicht, was sie wollen. Wie sieht es bei Ihnen aus?

Fragen Sie sich also:

- Wie viel zusätzliche Zeit wünsche ich mir pro Tag, pro Woche?
- Was würde sich verändern, wenn ich diese Zeit hätte?
- Wie würde ich mich fühlen?
- Was genau würde ich mit dieser »geschenkten« Zeit tun?

Ein klares Wertekonzept gilt als Basis für eine gesunde Persönlichkeit. Wenn wir im Einklang mit unseren Überzeugungen leben, fühlen wir uns wohl. Eine nebulöse Wertehierarchie schränkt unser Verhaltensrepertoire ein, da wir unser Tun und Denken ständig in Frage stellen. Unklarheiten im Wertesystem führen zu Problemen, und die offenbaren sich auch im Zeitmanagement: Wenn ich nicht weiß, was wichtig ist – womit verbringe ich dann meine Zeit?

Es gibt Werte, die von einer Gesellschaft als Grundkonsens anerkannt sind, und solche, die Sie ganz persönlich gut finden. Und dann gibt es die Werte, die Sie leben. An Ihren Handlungen also erkennen Sie Ihre tatsächlichen Werte.

Wo die Werte schwanken, wächst Unsicherheit und Entscheidungsschwäche. Soll ich Kinder kriegen oder lieber nicht? Soll ich übers Wochenende wegfahren oder dableiben? Soll ich kündigen oder abwarten? So spielt sich manches Leben im Spannungsfeld zwischen »Soll ich oder soll ich nicht« ab. Dieser Unentschlossenheit liegt ein Wertekonflikt zugrunde. Sie wollen zwei Dinge gleichzeitig? Am Ende wird Ihre Bequemlichkeit über die Vernunft siegen. Oder andersrum. Werte sind nervös wie Aktienkurse. Sie sind von der Stimmung und vom Selbstwertgefühl abhängig.

Werte sind Entscheidungskriterien. Sie zeigen, was uns wichtig ist, sind Orientierungshilfen und für jeden von uns unterschiedlich. Finden Sie hier heraus, welches Ihre wichtigsten Werte sind (siehe Seite 49).

FINDEN SIE HERAUS,
WAS SIE WIRKLICH WOLLEN

Wenn Sie Ihre Prioritäten kennen, werden Ihnen Entscheidungen in Zukunft leichter fallen. Prioritäten können sich selbstverständlich verändern. Doch wie sieht es hier und heute aus? Sind Sie neugierig darauf, Ihre Prioritäten und dadurch sich selbst besser kennenzulernen?

Nennen Sie die fünf wichtigsten Werte in Ihrem Leben.
1. _____
2. _____
3. _____
4. _____
5. _____

Nennen Sie drei Ziele, kurz-, mittel- und langfristig, die Ihnen wichtig sind.
1. _____
2. _____
3. _____

Wie würde sich Ihr Leben verändern, wenn Geld keine Rolle spielen würde?

Was würden Sie ändern, wenn Sie nur noch ein Jahr zu leben hätten?

Was wollten Sie schon immer tun und trauen sich nicht so richtig?

Was machen Sie am liebsten?

Was würden Sie tun, wenn Sie wüssten, dass Sie damit sicher Erfolg haben?

Wert-volle Freizeit

Sie sind das Wertvollste in Ihrem Leben – und das dürfen Sie auch sichtbar machen. Hängen Sie einen schönen großen Kalender mit Jahresübersicht an die Wand. Am besten an einen Platz, wo Sie oft hinsehen. Als Erstes tragen Sie in diesen Kalender Ihre Freizeit ein. Gerne bunt. Vielleicht wissen Sie schon, wann Sie Urlaub haben? Malen Sie auch jedes freie Wochenende an. Und alle Feiertage. Und Ihren Geburtstag. Und hin und wieder einen oder zwei Tage. Blaue Tage. Für-mich-Tage. Inseln in den Wochen.

Es stimmt, niemand weiß, was kommt. Aber was ganz bestimmt kommen sollte, ist, dass Sie sich, Ihre Bedürfnisse und Ihre Zeitwünsche ernst nehmen. Sie sind nicht erst an der Reihe, wenn alles andere erledigt ist. Sie geben sich nicht mit den Resten zufrieden. Oh nein. Sie haben die erste Wahl! Wenn Sie Ihre selbstbestimmte Zeit ernst nehmen, dann leben Sie in Einklang mit Ihren Werten. Sie sorgen für sich. Sie können sich ganz entspannt zurücklehnen. So sieht das Zeitmanagement einer Meisterin aus und obendrein:

- Nein sagen ist leicht, wenn Sie Ihre Freizeit ernst nehmen.
- Ein Blick auf den Jahresplaner macht sofort gute Laune.
- Es gibt immer etwas, worauf Sie sich freuen können – ein Highlight pro Woche wie Kino, Yoga, einen Abend mit der Freundin oder was auch immer. Für kluge Faulenzerinnen ist das selbstverständlich!

Wenn Ihre Freizeit wichtig sein darf wie alles andere, dann wird Ihnen die auch niemand wegnehmen. Der Chef bittet Sie, am Donnerstag eine Dienstreise zu unternehmen. Donnerstag? Da wollen Sie pünktlich nach Hause, denn Donnerstag ist Yogakurs. Ach, was ist das schon? Ein privater Frauenzirkel? Nein, es ist Ihr Leben, Ihre Freizeit! Sie treffen Menschen, die Sie mögen, und die das auch würdigen, wenn sie sich von Ihnen wertgeschätzt fühlen. Der Chef will es mal wieder ausreizen. Er weiß, dass Sie auf Ihre Donnerstage Wert legen. Krieg ich sie rum? Wie viel kann ich ihr noch aufbürden? Da gibt es nur eine Antwort: »Ich kann bestimmt auch am Mittwoch oder Freitag reisen. Oder nächste Woche.«

Setzen Sie Ihre Interessen durch

Rechtfertigen Sie sich nicht dafür, dass Sie hin und wieder selbst über Ihre Zeit bestimmen. Je öfter, desto besser. Sie sind der wichtigste Mensch in Ihrem Leben! Behandeln Sie sich auch so. Außerdem werden Sie von anderen genauso wichtig genommen, wie Sie selbst das nach außen demonstrieren. Wenn Sie alles mit sich machen lassen, brauchen Sie sich nicht zu wundern, wenn Sie bei Beförderungsrunden regelmäßig vergessen werden. Wie wollen Sie die Interessen Ihrer Firma vertreten, wenn Sie nicht mal Ihre eigenen vertreten können? Nachgiebigkeit, Hilfsbereitschaft und schwaches Durchsetzungsvermögen wirken sich leider meistens negativ auf das eigene Weiterkommen aus. Ja, das sind edle Eigenschaften. Doch sie signalisieren in unserer Leistungsgesellschaft zu wenig Ellenbogenstärke. Suchen Sie einen Mittelweg, mit dem Sie sich gut fühlen. Probieren Sie verschiedene Strategien aus. Sie brauchen dazu nicht mit gezückten Ellenbogen durchs Leben jagen. Häufig ist es eine Frage des guten Timings: Wann ist es besser nachzugeben, als hartnäckig zu bleiben. Wann ist es besser auf einer Zusage zu beharren, als einem anderen den Vortritt zu gewähren. Genau aus diesen Gründen ist Zeitmanagement nie langweilig. Denn je nach Situation brauchen Sie eine andere Strategie – und je besser sortiert Ihr Werkzeugkoffer ist, umso besser.

Der Takt des Lebens: Work-Life-Balance

Nur Berufliches zu planen, ist keine erfolgreiche Strategie. Glücklich werden wir, wenn wir alle Bereiche unseres Lebens mit einbeziehen. Was nutzt es, wenn wir unseren Arbeitsalltag top organisiert haben und das Privatleben auf der Strecke bleibt. Unser ganzes kunterbuntes Leben bildet ein Orchester, eine Band. Vielleicht hat der Beruf bei Ihnen den Job als Pauke, die Freizeit ist das Cello, im Chor singen Ihre Hobbys – wichtig ist, dass alles zusammen einen Wohlklang bildet. Den Klang Ihres Lebens. Ihr Lebenserfolg misst sich nicht daran, wie viel Geld Sie verdienen oder welches Auto Sie fahren. Es geht darum, wie zufrieden Sie mit Ihrem Leben sind und mit dem, was Sie erreicht haben. Bob Dylan hat es so ausgedrückt: »Was bedeutet schon Geld? Ein Mensch ist erfolgreich, wenn er zwischen Aufstehen und Schlafengehen das tut, was ihm gefällt.«

Zwischen Aufstehen und Schlafengehen haben wir 57 600 Sekunden Zeit, die wir gestalten können. Sinnvoll ist es, wenn wir auch wissen, wohin wir wollen. Unsere Ziele sollten wir nicht nur im beruflichen Bereich benennen, sondern gerade auch im Privatleben. Zweimal in der Woche zum Sport und einmal in der Woche mit einer Freundin telefonieren – das kann eine Zielvorgabe sein. Also fett in den Kalender eintragen und den Termin wichtig nehmen. Wann haben Sie einen lieben Menschen, an den Sie oft denken – ich könnte mal wieder anrufen – zuletzt gesprochen?

Welche Menschen sind wichtig für mich?

Vielleicht fallen Ihnen spontan ganz viele ein – auch aus Ihrer Vergangenheit, aus der Schulzeit oder dem Studium. Lust auf eine Liste? Unbedingt gehören natürlich jene Menschen auf die Liste, die hier und heute für Sie wichtig sind. Seien Sie mutig. Es schaut Ihnen ja niemand über die Schulter. Wenn Sie ganz ehrlich sind: Vielleicht fehlen ein paar Namen, die Sie aus Höflichkeit oder schlechtem Gewissen am liebsten doch draufschreiben würden? Bleiben Sie ganz bei sich. Jede Freundschaft, jede Begegnung hat ihre Zeit. Es kann eine Erleichterung sein, sich von Menschen zu verabschieden, mit denen Sie im Moment wenige Gemeinsamkeiten haben. Das kann sich wieder ändern. Fakt ist, dass solche »alten Bekannten« manchmal sehr viel Zeit kosten können.

WOHIN
WILL ICH?

Werte gut und schön. Aber wohin damit? Viele Menschen machen sich keine Gedanken über ihre Ziele. Irgendwie läuft es halt so. Zuerst die Schule, dann eine Ausbildung, was halt gerade so kommt oder die Eltern empfehlen etwas oder Freunde und Freundinnen. Irgendwann ist sie dann nicht mehr zu unterdrücken, die prinzipielle Unzufriedenheit mit sich selbst, dem Leben, und allem. Bei Mark Twain klingt das so: »Wer nicht weiß, wohin er will, der darf sich nicht wundern, wenn er ganz woanders ankommt.«

Ziele und Zeitmanagement sind wie Geschwister. Es wird Ihnen leichter fallen, eine Durststrecke zu meistern, wenn Sie erkennen, wozu sie gut ist: um Ihr Ziel zu erreichen.

Scheitern ist eine Sprosse auf der Erfolgsleiter

Manche Menschen benennen lieber kein Ziel, weil sie befürchten, es nicht zu bewältigen. Vielleicht haben auch Sie schlechte Erfahrungen gemacht und sind schon einmal schmerzhaft gescheitert. Gibt es bessere Voraussetzungen, um jetzt erst recht durchzustarten und es erneut zu versuchen? Der Erfinder der Glühbirne, Thomas Edison, scheiterte tausende Male, ehe ihm ein Licht aufging. So lang wird es bei Ihnen bestimmt nicht dauern! Nehmen Sie sich Thomas Edisons Interpretation zu Herzen: »Ich bin nie gescheitert. Ich habe erfolgreich Wege eliminiert, die nicht zum Ziel führen.«

Trauen Sie sich: Setzen Sie sich Ziele

Manche Menschen, meist Frauen, glauben, sie dürften keine Ziele haben, weil sie sich sonst zu wichtig nehmen würden. Lieber kleine Kuchen backen. Doch vielleicht schmeckt ein großer Kuchen ja viel saftiger? Auch die Angst vor Erfolg gehört zu den Zielblockaden. Wobei hier der Erfolg nicht das Problem ist, sondern seine Auswirkungen: Mögen mich die anderen noch, wenn ich jetzt plötzlich Karriere mache? Passen meine Freunde noch zu mir, wenn ich mich in diesem Projekt engagiere? Was mache ich, wenn ich alles erreicht habe? Dann kriege ich womöglich Depressionen?

In Zielen wohnt eine große Kraft: Wenn Sie das richtige Ziel vor Augen haben, dann zieht es Sie magisch an. Deshalb sparen Sie mit Zielen auch viel Zeit: sie bündeln Ihre Energie. Wenn der Hund nach Hause rennt, wird er immer schneller. Dort wartet sein Napf. Ziele beflügeln. Deshalb ist es so wichtig, dass Ziele begeistern. Ziele, die nicht Ihrem Herzenswunsch entspringen, sondern von anderen formuliert wurden, schleppen Sie wie Mühlsteine mit sich herum.

Sie brauchen nicht Ihr ganzes künftiges Leben planen. Allerdings gibt es Menschen, die so was sexy finden. Planer zum Beispiel. Je nachdem, was für ein Typ Mensch Sie sind, so lang- oder kurzfristig werden Sie sich auch in Ihrer Zukunft orientieren wollen. Es gibt Tages-, Wochen-, Monatsziele. Vierteljahresziele, Jahresziele, Lebensabschnittsziele und die große Lebensvision. Alles zusammen macht Ihr Leben aus, Ihre Zeit. Wenn Sie heute bereits Ihre Vision kennen – etwa: »Ich werde als Psychotherapeutin eine gut gehende Praxis in München haben!« – fällt es Ihnen leichter, als wenn Sie es nicht so genau wissen: »Ich will mal einen Beruf, der mir gut gefällt.« Sie merken schon: Sich mit Zielen zu beschäftigen, ist keine Zeitverschwendung. Es spornt Sie an, die eigene Zeit sinnvoll einzuteilen. Keine Angst: Sie müssen Ihrem Ziel nicht treu bleiben bis in alle Ewigkeit. Ziele können sich verändern. Wenn alle Mädchen, die sich schworen, als Erwachsene ein eigenes Pferd zu halten, diesen Vorsatz verwirklicht hätten, gäbe es wesentlich mehr Hufschmiede!

Planen Sie noch oder surfen Sie schon?

In jedem Menschen stecken verschiedene Persönlichkeitsanteile, manche sind stärker, andere schwächer ausgeprägt. Einem Menschen, der sich wohl damit fühlt, langfristig zu planen, fällt es leichter, eine momentane Bequemlichkeit zugunsten von Vorteilen in der Zukunft zu »opfern«. Einem Menschen, der kurzfristig plant, ist das Wohlergehen in der Gegenwart wichtiger als das in der Zukunft. Und wer weiß, ob man die überhaupt erlebt. Lieber heute feiern als morgen in die Röhre schauen!

Es gibt drei typische Arten von Zukunftsverhalten: Planen, Surfen und Dümpeln. Finden Sie auf den folgenden Seiten heraus, ob Sie zu den Planern, Surfern oder Dümplern gehören, um das Zeitmanagement zu entwickeln, das zu Ihrem Temperament passt.

Die Planerin

Gehen Sie strategisch mit Ihren Zielen um und verwirklichen diese Schritt für Schritt? Dann sind Sie eine Planerin. Sehr erfolgreiche Menschen gehören fast immer zu den Planern, da großer Erfolg nur in den allerseltensten Fällen kurzfristig zu erreichen ist.

Wenn eine Planerin an Familiengründung denkt, überlegt sie sich, wo sie am ehesten einen passenden Partner kennenlernen kann – Tanzkurs! Sie recherchiert zielgruppenadäquat nach den zwei größten Tanzschulen mit der Klientel, die ihr vorschwebt. Noch bevor sie zum ersten Tanzunterricht erscheint, hat sie sich ausgerechnet, dass sie bei paralleler Anmeldung in zwei Tanzschulen pro Woche mindestens ein privates Date verabreden kann, vielleicht sogar zwei, und sie hat berufliche Projekte dementsprechend geplant. Selbstverständlich hat sie einen Zeitpunkt benannt, wann sie ihren Partner gefunden haben möchte: in spätestens acht Monaten.

Die Surferin

Sie ist nicht planlos, sondern wählerisch – je nachdem, welche Welle ihr gerade am attraktivsten erscheint –, nutzt sie kurzfristige Gelegenheiten und sucht unmittelbare Erfolge. Das hat gerade in jungen Jahren den Vorteil einer gewissen Leichtigkeit im Leben. Langfristige Ziele, die Planungen erfordern, sind nicht so ihr Ding.

Wenn die Surferin einen Partner sucht, richtet sie keineswegs ihre Termine danach aus. Doch sie ergreift die Gelegenheiten, die ihr zusagen. Hier eine Veranstaltung, dort eine Verabredung. Irgendwie wird es schon klappen. Und wenn nicht – dann kommt vielleicht eine Freundin vorbei, die sie zu einer Party mitschleppt ...

Die Dümplerin

Dümplerinnen halten langfristige Planung für völlig sinnlos. Nach dem Motto, man könne sowieso nicht wissen, was in X Jahren läuft. Auch kurzfristiges Planen ist nicht ihr Ding. Sie wartet lieber ab, was so passiert und was ihr vor die Füße gespült wird. Gelegentliches Dümpeln kann sehr entspannend sein, da Dümpler sich nicht unter Druck setzen. Das Tolle an ihnen: Sie leben entspannt im Hier und Jetzt. Wenn der Prinz oder die Prinzessin fürs Leben zufällig an der Tür klingelt, freuen sie sich einfach. Und wenn jemand behauptet, dass das relativ unwahrscheinlich ist, wird die Dümplerin antworten: Dann hat es eben nicht sein sollen.

Stehen Sie zu sich

Haben Sie herausgefunden, womit Sie sich am wohlsten fühlen? Selbstverständlich können auch Planer mal dümpeln. So fünf bis zehn Minuten vielleicht. Und Surfer können mal planen. Es geht hier um eine grundsätzliche Wesensart. Nur wenn Sie Ihre eigene Ausrichtung kennen, können Sie Ihr maßgeschneidertes Zeitmanagement entwerfen. Viele Menschen leiden darunter, dass sie sich selbst ständig überfordern. Wenn ein Dümpler von sich verlangt, strategisch wie ein Planer vorzugehen und sich vielleicht insgeheim sogar für einen Versager hält, weil er es nicht tut, dann lebt er gegen seinen Stil. Es würde ihm wahrscheinlich besser gehen, wenn er seine Dümpelei akzeptieren könnte. Ein Stratege, der Dümpeln plant, wird sich mit an Sicherheit grenzender Wahrscheinlichkeit verirren, trotz seines ausgezeichneten Navigationssystems.

Miniplan für maximalen Erfolg

Surfer und Dümpler haben durchaus Ziele, wenn auch keine langfristigen. Für sie könnte es interessant sein, einen Wochenplan zu erstellen, und zwar immer am selben Tag. Planen Sie täglich zehn Minuten Für-mich-Zeit ein und arbeiten Sie dann folgenden Fragenkatalog ab: Welche wichtigen Termine stehen nächste Woche an? Welche Aufgaben sind zu erledigen? Welche Routinen sind nötig? Gibt es etwas Besonderes zu tun? Was ist im Haushalt zu erledigen, was einzukaufen? Wie sieht meine Freizeitgestaltung aus? Was ist sonst noch wichtig? So bereiten Sie sich optimal auf die kommende Woche vor. Ihr Unterbewusstsein macht sich schon mal an die Arbeit, während Sie Ihre Freizeit genießen.

Ziele definieren mit der SMART-Formel

Die meisten Menschen nehmen sich gern zu viel vor. Weniger ist mehr – ob bei der Planung Ihrer Aufgaben oder überhaupt im ganzen Leben. Wenn Sie sich bereits hundert Mal vorgenommen haben, mit dem Rad zur Arbeit zu fahren und es nie schafften, wird das auch beim 101. Mal nichts werden. Aber Sie können sich vornehmen, fünf oder zehn Mal im Monat mit dem Rad zur Arbeit zu fahren oder zwei Mal pro Woche! Das wäre ein erreichbares Ziel.

Sagen Sie sich Ihre Ziele ruhig hin und wieder laut vor. Beim Autofahren zum Beispiel. Lächeln Sie sich dabei aufmunternd zu. Klar! Sie schaffen das. Kleben Sie Post-its mit Ihren Zielen – noch besser Bilder – an Orte, wo Sie häufig hinsehen. So bleiben Ihre Ziele stets präsent. Mit der bewährten SMART-Formel werden realistische Ziele konkretisiert. Der Begriff SMART setzt sich aus den Anfangsbuchstaben der Worte spezifisch, messbar, attraktiv, realistisch und terminiert zusammen. All diese Eigenschaften sollten Ihre Ziele haben. Wenn Sie Ihre Ziele definieren, dann fragen Sie diese also nach folgenden Eigenschaften ab:

S: Ist mein Ziel spezifisch? Um etwas zu erreichen, sollten Sie eine möglichst genaue Vorstellung davon entwickeln. Am besten mit allen Sinnen! Ihr Ziel soll Ihnen ja Freude machen!

M: Ist mein Ziel messbar? »Ich möchte gesünder leben« – ist nicht messbar. Stellen Sie klare Kriterien auf. In Bezug auf Gesundheit wären dies etwa Blutwerte oder Gewicht.

A: Ist mein Ziel attraktiv? Hinterfragen Sie Ihre Ziele, ob sie wirklich attraktiv für Sie sind, oder ob Sie damit die Wünsche anderer Personen erfüllen. Ein attraktives Ziel reißt Sie vom Hocker. Das möchten Sie. Unbedingt! Sie spüren es mit jeder Faser Ihres Körpers und sehen es im Detail vor sich. Das ist es! Das ist mein Ding! Da will ich hin! Deshalb fällt es Ihnen leicht, Ihre Zeit so einzuteilen, dass Sie dort ankommen.

R: Ist mein Ziel realistisch? Ihre Ziele müssen für Sie persönlich machbar sein. Nicht für irgendwen. Nur was Sie ganz in der Hand haben, ist ein realistisches Ziel. Ziele, die von anderen abhängig sind, demotivieren. Genau genommen handelt es sich dabei um Wünsche, nicht um Ziele.

T: Ist mein Ziel terminiert? Wenn Sie hinter einem Ziel stehen, werden Sie es auch zu einem bestimmten Zeitpunkt erreicht haben. Nennen Sie immer einen fixen Termin und definieren Sie Zwischenschritte. So können Sie überprüfen, ob Sie auf dem richtigen Weg sind. Verlangen Sie sich keine zu großen Zwischenschritte ab, aber trippeln Sie auch nicht. Finden Sie Ihren gesunden Rhythmus. Seien Sie bei Zeitangaben streng zu sich. Nicht irgendwann mach ich das, sondern am Montagnachmittag um 15 Uhr.

Auch mit der nachfolgenden Strategie – einer weiteren Perle des Zeitmanagements – lassen Sie Ihre Zielfahne stets in Sichtweite flattern. Sie ist nach dem ehemaligen amerikanischen Präsidenten Dwight D. Eisenhower benannt.

Ziele erreichen mit Eisenhower

Es ist nicht nur eine Kunst, das Wesentliche vom Unwesentlichen zu unterscheiden, sondern auch ein maßgeblicher Erfolgsfaktor. Oft orientieren wir uns weniger an der Wichtigkeit einer Aufgabe als an unseren Vorlieben – oder dem Druck, den andere machen: Wann ist das endlich fertig!

Wer Erfolg ernten möchte, muss wissen, was wichtig ist. Sonst gießt er zu den falschen Zeiten an den falschen Stellen und sein Samenkorn geht nicht auf. Das sogenannte Eisenhower-Prinzip unterstützt Sie dabei, Ihre Prioritäten richtig zu setzen. Prioritäten werden nach Wichtigkeit und Dringlichkeit unterschieden, wobei wichtig nicht dringend und dringend nicht zwingend wichtig zu sein braucht. Das ist zunächst ein wenig gewöhnungsbedürftig, da uns meist alles wahnsinnig wichtig beziehungsweise dringend erscheint und nichts warten kann, was atemlos in die Verzettelung führt. Wenn Sie – immer im Bewusstsein Ihrer Ziele – mit klarem Kopf entscheiden, was wirklich wichtig und was dringend ist, bilden Sie ein stabiles Fundament für Ihr Zeitmanagement.

Woher Sie wissen, was dringend oder wichtig ist? Wichtig bezieht sich nach Eisenhower *(siehe Abbildung Seite 61)* auf den Inhalt, die Sache. Sie verbessern einen Ablauf und nähern sich Ihrem Ziel. Dringend ist zeitlich zu verstehen: eilig! Indem wir eine Frist einhalten, verhindern wir einen Schaden.

Sinn des Eisenhower-Prinzips ist es, so selten wie möglich Feuer zu löschen, also die A-Prioritäten zu reduzieren und sich stattdessen B-Prioritäten zu widmen. Diese werden logischerweise alle zu A-Prioritäten, wenn sie nicht rechtzeitig erledigt werden *(siehe dazu Seite 120–127)*.

Nichts spricht dagegen, diese Einteilung täglich vorzunehmen und anfallende Arbeiten in die vier Kategorien einzuordnen. Muten Sie sich zu Beginn nicht gleich mehrere Flächenbrände zu. Denken Sie an die Strategie der kleinen Schritte! Weniger ist mehr! Sollten Sie pro Tag eine A-Aufgabe schaffen, ist das bereits ein Grund, sich zu loben. Sie werden staunen, wie oft Ihr Feuerwehrauto in Zukunft in der Garage bleiben darf – und Ihr Rotstift in der Schublade: Denn die zusätzliche Kennzeichnung der Aufgaben mit Farben hat

DRINGEND UND WICHTIG:
DAS EISENHOWER-PRINZIP

Je nach Wichtigkeit beziehungsweise Dringlichkeit einer Aufgabe ergeben sich vier Möglichkeiten der Bewertung und Erledigung:

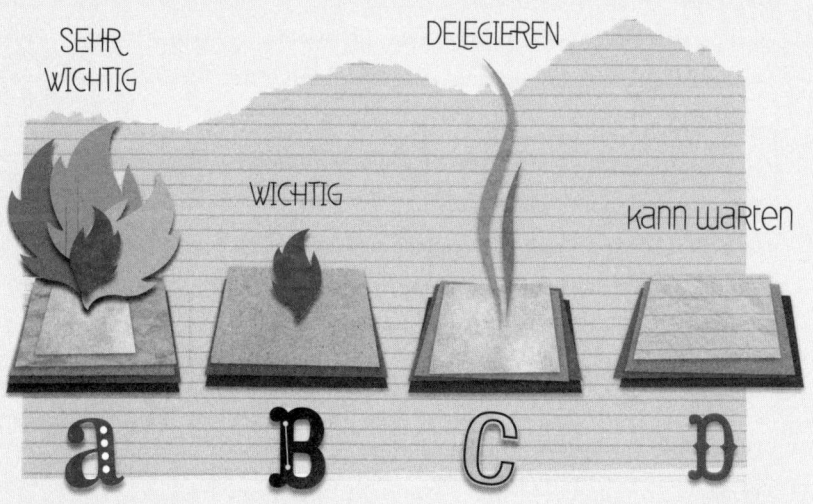

A = Wichtig und dringend. Blaulicht! Sirene! Es brennt! Diese Aufgabe müssen Sie sofort erledigen.

B = Wichtig, aber nicht so dringend. Sie haben noch etwas Zeit. Setzen Sie einen Termin, wann Sie diese Aufgabe erledigen und tun Sie das dann auch. Sonst wird aus dem Schwelbrand ein Buschfeuer! (siehe A)

C = Dringend, aber nicht so wichtig. Hier können Sie einen anderen Trupp zum Löschen schicken. Delegieren (siehe Seite 159–162)!

D = Diese Aufgaben sind weder wichtig noch dringend. Es raucht nicht mal. Ab damit in den Papierkorb.

sich sehr bewährt. Nicht nur »visuelle« Menschen erkennen auf den ersten Blick, was wirklich wichtig ist. Hier bietet sich natürlich der Klassiker an: Rot für wichtig und dringend. Bestimmen Sie Ihre Farben nach Lust und Laune selbst.

Ich bin doch keine Egoistin!

Nicht wenige Menschen, und ganz besonders Frauen, fürchten als egoistisch zu gelten, wenn sie an ihren eigenen Zielen arbeiten. Sie stellen sich Fragen wie: »Darf ich das überhaupt?«, »Was werden die anderen bloß von mir denken?«, »Vernachlässige ich dadurch etwa meine Familie?«

Glauben Sie nicht auch, Ihre Familie wird sich darüber freuen, dass Sie an sich denken? Sie können kein besseres Vorbild sein *(siehe Seite 159–162)*. Denn so zeigen Sie, dass Sie sich ernst nehmen. Sollten Sie Kinder haben, leben Sie ihnen auf diese Weise optimal vor, wie sie eine glückliche Lebensbalance herstellen können. Glückliche Kinder haben glückliche Eltern.

Drei goldene Regeln für glückliche Egoistinnen

Erstens: Konsequent bleiben! Wenn Sie Ihrer Familie erklärt haben, dass Sie dienstags zum Judo gehen, tun Sie das auch dann, wenn Sie keine Lust haben, oder gehen Sie woanders hin. Aber gehen Sie! Wenigstens in der ersten Zeit nach der Abmachung – sonst werden Sie nicht ernst genommen.

Zweitens: Erzählen Sie vielen Leuten von Ihrem neuen Ziel. So wird es immer realer. Alle, die davon wissen, erwarten, dass Sie es durchziehen. So können Sie gar nicht mehr »einknicken«.

Drittens: Und sollte doch etwas Unvorhergesehenes passieren, dann bleiben Sie hart zu den anderen und weich zu sich selbst.

Wie ernst nehmen Sie sich?

Schriftlichkeit ist beim Zeitmanagement das Mittel der Wahl *(siehe auch Seite 173–179)*. Wenn Sie die Übungen in diesem Buch schriftlich ausführen, hat dies viele Vorteile. Allein mit unserem Vorstellungsvermögen wird es uns nur ganz selten gelingen, die Dinge komplex von allen Seiten zu beleuchten. Diese Erfahrung haben viele Menschen gemacht, die das Experiment durchführten, allerdings erst im zweiten Durchgang schriftlich, nach einem Probelauf im Kopf. Bei gedanklichen Listen neigen wir zum Unterschlagen und Vergessen. Schriftlich arbeiten wir konzentrierter. Manchen Menschen wird dabei erst klar, dass die ausgeklügeltste Zeitplanung nichts nutzt, wenn das Ziel jeder Handlung im Dunkeln bleibt. Um Zeiträubern, deren Bekanntschaft Sie im übernächsten Kapitel machen werden, Handschellen anzulegen, braucht es Stift und Papier!

Die Frage ist, wie ernst nehmen Sie sich und Ihre Bedürfnisse? Wie ernst ist es Ihnen damit, sich zu verändern – und mehr Zeit für die wirklich schönen Dinge des Lebens zu haben? Wie viel Mut haben Sie, Ihre Gewohnheiten einer Prüfung zu unterziehen? Ja, dazu braucht es Mut, denn es könnte ja sein, dass sich manche der lieben Gewohnheiten als Zeitfresser herausstellen, die Ihnen die Lust am Faulenzen vergällen. Also trauen Sie sich, Ihren momentanen Standort zu bestimmen. Dann kennen Sie Ihren Ausgangspunkt.

Ja, es stimmt, Sie sind nicht allein auf der Welt und die Fragen auf den nächsten Seiten beziehen sich auch auf Ihre Familie, Ihr Umfeld. Na und? Mit diesen Menschen sind Sie doch zusammen, weil Sie sie mögen, okay, meistens. Also werden sie es auch am meisten schätzen, wenn Sie sich zu Ihrem Vorteil verändern. Es kann zwar eine Weile dauern, doch die Erfahrung zeigt, dass ein Happy End auf Dauer fast garantiert wird. Denn Glück strahlt ab!

WO STEHE ICH HEUTE?
WO WILL ICH HIN?

Schreiben Sie zunächst auf, was ist, und überlegen Sie anschließend, wie Sie leben möchten, jeweils kurzfristig, mittelfristig und langfristig:

WO STEHE ICH HEUTE?

Familie & Beziehung: *Prinzipiell läuft es gut, aber in den letzten Monaten haben Thomas und ich kaum schöne Dinge miteinander gemacht.*

70 %

Gesundheit: *Prima!*

100 %

Beruf: *Die Kollegen sind supernett, aber die Arbeit langweilt mich. Vielleicht bin ich deshalb oft so schlapp?*

40 %

WO WILL ICH HIN?

Familie & Beziehung:

Gesundheit:

Beruf:

MASSNAHMEN PLANEN:
SCHRITT FÜR SCHRITT ANS ZIEL

Notieren Sie hier, wie Sie die Veränderungen konkret angehen werden.
Und vergessen Sie nicht, einen Termin zu definieren!

MEINE ZIELE IN FAMILIE UND BERUF

Schritt	Was ist zu tun	Bis wann	erledigt
1.			☐
2.			☐
3.			☐
4.			☐
5.			☐

MEINE ZIELE IM BERUF

Schritt	Was ist zu tun	Bis wann	erledigt
1.			☐
2.			☐
3.			☐
4.			☐
5.			☐

MEINE ZIELE BEZÜGLICH MEINER GESUNDHEIT

Schritt	Was ist zu tun	Bis wann	erledigt
1.			☐
2.			☐
3.			☐
4.			☐
5.			☐

ANSPORN,
WENN ES MAL HAKT

Vielleicht ist es Ihnen ein Ansporn, die folgende Frage zu beantworten:
»Wenn Sie zehn, zwanzig oder dreißig Jahre so weitermachen wie bisher
... wo kommen Sie dann an?«

WO WÜRDE ICH LANDEN?

Familie &
Beziehung: _____
_____
_____

Gesundheit: _____
_____
_____

Beruf: _____
_____
_____

Mit den Übungen auf den Seiten 64 bis 66 haben Sie bereits 50
Prozent geschafft: Sie haben Ihre Ziele definiert und Maßnahmen
geplant. Jetzt werden Sie auch die nächsten 50 Prozent meistern,
die da wären: Aktivitäten starten und Kontrolle. Stellen Sie sich
immer wieder mal die folgenden Fragen: »Wie komme ich voran?«,
»Habe ich meine Ziele noch im Fokus?«, »Entsprechen die Ziele,
die ich verfolge, tatsächlich noch dem, was ich will?«.

Im Zeitraffer

Nach so viel Engagement ruft jetzt aber das Sofa. Eine Erholungs-
pause ist dringend nötig! Deshalb zum Abschluss die wichtigsten
Erkenntnisse noch mal ruck, zuck im Schnelldurchlauf:

- Hängen Sie Ihre Erfolge/Ziele nicht zu hoch!
- Loben, loben, loben.
- Behalten Sie Ihre typischen Stressfallen stets im Blick.
- Vorgänge/Aufgaben/Schriftstücke möglichst nur einmal in
  die Hand nehmen und entscheiden: »Wohin damit?«, »Was
  ist zu tun?« oder »Weg damit!«
- Teilen Sie Ihre Aufgaben wie eine Wassermelone in
  bekömmliche kleine Stücke.
- Gestalten Sie Ihre Zeit so selbstbestimmt wie möglich.
- Tun Sie das, was Sie tun, mit einem inneren Ja.
- Tauschen Sie ungeliebte Aufgaben gegen geliebte ein.
- Planen Sie mit Jokern und Puffern.
- Nur wer seine Ziele definiert hat, behält auch im größten
  Chaos den Überblick und setzt die richtigen Prioritäten, um
  das Gewünschte zu erreichen.
- Nicht alles, was dringend daherkommt, ist auch wichtig:
  Setzen Sie Prioritäten beim Erledigen Ihrer Aufgaben.
- Erkennen Sie Ihre Stärken und übertragen Sie diese Eigen-
  schaften auf Ihre Schwächen. Was in einem Bereich gut
  klappt, kann kopiert werden!
- Lassen Sie Ihre Fantasie spielen, um neue Perspektiven zu
  entdecken, die ein Zeitfenster zum Faulenzen öffnen.

Warum wir ticken,
wie wir ticken

Warum empfinden wir Zeit so unterschiedlich? Wieso verändert sich unser Zeitgefühl im Lauf des Lebens? Als Kinder scheinen wir alle Zeit der Welt zu haben und dann wird sie immer knapper. Ältere Menschen behaupten oft, die Zeit würde sich mit jedem gelebten Jahr beschleunigen und nur noch so dahinrasen. Die Chronomedizin hat viele interessante Antworten auf diese Fragen gegeben. Doch auch kulturelle Unterschiede spielen eine Rolle. Denn es gibt nicht nur die echten Zeitzonen, es gibt auch die gefühlten, und was in Deutschland Hektik bis zum Anschlag auslöst, kann beispielsweise in Südamerika noch weit, weit weg vom letzten Drücker sein!

VON LANGWEILIGEN CHAOTEN UND KREATIVEN PLANERN

So gut wie jeder kennt Beispiele aus seinem Bekanntenkreis für zwei Zeitgenossen, wie sie verschiedener nicht sein könnten: den lustigen Chaoten und den drögen Planer. Sie liefern Stoff für Komödien, aber auch für Tragödien. Chaoten tragen zumeist das schmückende Beiwerk: kreativ. Bei den Planern wird darauf verzichtet, wie sollte man langweilig auch schmeichlerisch umschreiben. Na vielleicht mit sorgfältig und gewissenhaft.

Im wirklichen Leben kommen diese beiden Stereotypen in Reinkultur nicht vor – glücklicherweise. Das liegt auch daran, dass wir in verschiedenen Lebensbereichen ganz unterschiedlich mit Zeit umgehen. Es gibt Menschen, die sind im Berufsleben absolut gewissenhaft, pünktlich, ordentlich und genau – und privat schlidern sie von einem Schlamassel in den nächsten. Andere gehen ihrem Hobby mit größter Präzision nach, im Job jedoch reihen sie einen Flüchtigkeitsfehler an den anderen.

Die rechte und die linke Gehirnhälfte

Wenn Sie persönlich mehr zu der einen oder der anderen Sorte tendieren, hat das verschiedene Ursachen: Es hängt unter anderem davon ab, was Ihre Eltern Ihnen vorgelebt haben, was Sie selbst anstreben und welche Gehirnhälfte Ihr Verhalten dominiert.

Unser Gehirn repräsentiert zwei verschiedene Arten, mit Zeit umzugehen. Die linke Hälfte tut dies analytisch. Sie ist der Profi beim verbalen Denken, fit in der Wahrnehmung von Zeit, rationaler Entscheidungsfindung, beim Zählen, Ordnen und Planen von Vorgängen. Die rechte Hälfte bevorzugt es nonverbal mit Bildern, Analogien und räumlichem Denken. Sie arbeitet subjektiv, intuitiv ganzheitlich – und ohne zeitlichen Rahmen. Je nachdem, wie ein Mensch gepolt ist, plant er seine Zeit.

Linkslastige Menschen werden von Zahlen, Fakten, Systematik angezogen. Sie sind meistens pünktlich und haben es gern aufgeräumt. Linkshirner schätzen Listen, Pläne und routinierte Abläufe als angenehme Werkzeuge, die das Leben erleichtern. Rechtshirner vertrauen lieber ihrer Intuition und treffen ihre Entscheidungen »aus dem Bauch heraus«. Sie fühlen sich angezogen von Gefühlen, Bildern und sind sehr spontan; dafür weniger fit im Organisieren und gern unpünktlich – wenn auch ohne Vorsatz. Irgendwie passiert ihnen das dauernd und meistens stehen sie dazu: »Ich bin halt ein bisschen chaotisch.« Schnell flackert ihre Begeisterung für neue Ideen auf. Bei der Umsetzung und den Prioritäten hapert es häufig. Am liebsten machen sie alles auf einmal. Und da drüben ist schon wieder was Interessantes. Weg sind sie.

Ideal ist es, wenn es gelingt, die Eigenschaften beider Hemisphären zu vereinen *(siehe Seite 71)*. Denn es gibt Dinge, bei denen wir durch Planen punkten und andere, bei denen das kreative Chaos

GEHIRNGYMNASTIK
FÜR FAULE

Mit den nachfolgenden Übungen aktivieren Sie Ihre beiden Gehirnhälften optimal und stimulieren sie zur Zusammenarbeit.

Überkreuz marschieren

Marschieren Sie auf der Stelle, ziehen Sie dabei jeweils ein Knie hoch und bringen Sie es mit dem Ellenbogen des entgegengesetzten Arms zusammen: also das linke Knie mit dem rechten Ellenbogen und das rechte Knie mit dem linken Ellenbogen. Führen Sie die Bewegungen möglichst langsam und bewusst aus.

Brain-Massage

Ziehen Sie Ihre beiden Ohren mit Ihren Händen sanft nach hinten und massieren Sie sie, von oben beginnend an der äußeren Ohrmuschel entlang bis hinab zum Ohrläppchen.

X-Faktor

Denken Sie an ein X. Damit verbinden Sie beide Seiten Ihres Gehirns und trainieren es optimal.

zum Durchbruch führt. Unser Bildungssystem konzentriert sich auf die linke Hälfte: Analyse und Logik. Das bedeutet jedoch nicht, dass wir sofort loslegen sollten mit Trainingsprogrammen für die rechte Hemisphäre. Es gibt nun mal Dinge, die sind links besser aufgehoben als rechts und wieso sollten wir mit links tun, was rechts optimal klappt – und umgekehrt. In einer glücklichen Ehe harmonieren Ordnung und Logik der linken Hälfte in ergänzender

WELCHER
ZEITTYP BIN ICH?

Bitte vergeben Sie Punkte: 1 Punkt für »eher nein«; 2 Punkte für
»manchmal«; 3 Punkte für »oft« und 4 Punkte für »immer«.

1. Mir ist Pünktlichkeit ausgesprochen wichtig. ☐

2. Ich mache viele Sachen auf den letzten Drücker. ☐

3. Wenn viel los ist, verliere ich schon mal die Übersicht. ☐

4. Ich nehme mir immer wieder vor, mich mehr um meine
eigenen Sachen zu kümmern. ☐

5. Am liebsten sind mir Tage ohne Programm. ☐

6. Ich nehme mir eher zu viel vor als zu wenig. ☐

7. Es macht mich traurig, wenn ich mitbekomme, wie egoistisch
manche Menschen sind. ☐

8. Eine gute Vorbereitung ist für mich eine Grundvoraussetzung,
um Erfolg zu haben. ☐

9. Ich kenne das Gefühl, wenn plötzlich viel mehr Zeit vergangen
ist, als ich geschätzt habe. ☐

10. Ich schwimme lieber mit dem Strom, als eigene Wege zu gehen. ☐

11. Langsame Menschen machen mich nervös. ☐

12. Meinen Urlaub plane ich langfristig. ☐

13. Viel Arbeit macht mir gar nichts aus, da stehe ich drauf. ☐

14. Pünktlichkeit ist eine Frage des Respekts. ☐

15. Ich möchte wissen, wie die Dinge in meinem Umfeld laufen. ☐

16. Ich plane und entscheide ganz häufig intuitiv. ☐

17. Ich lasse mich leicht ablenken. ☐

18. Leute, die nicht wissen, was sie wollen, ertrage ich nur schwer. ☐

19. Ich bin kontaktfreudig und unternehmungslustig. ☐

20. Ich finde Leute, die sich in den Vordergrund drängen, unhöflich. ☐

21. Stillstand bringt mich schlecht drauf. Ich brauch Aktion. ☐

22. Klare Planung gibt mir ein gutes Gefühl. ☐

23. Ich liebe es, wenn ich etwas völlig Neues entwickeln kann und mir mein Chef freie Hand lässt. ☐

24. Es fällt mir schwer, nein zu sagen, wenn mich jemand um Hilfe bittet, auch wenn ich dadurch zeitlich ins Schleudern gerate. ☐

25. Ich finde es wichtiger, flexibel zu sein, als top vorbereitet. ☐

26. Ich habe bereits etliche Zeitplanungssysteme ausprobiert. ☐

27. Ich langweile mich schnell. ☐

28. Ich neige zu Ungeduld. ☐

29. Ich springe gern ein, wenn es irgendwo brennt. ☐

30. Ich wusste schon als Kind, was ich beruflich mal machen will. ☐

31. Wenn ich alles plane, geht mir das gute Lebensgefühl verloren. ☐

32. Ich erledige alles selbst, ohne anderen zur Last zu fallen. ☐

33. Ich finde es wichtig, spontan sein zu können, und nicht alles vom Terminkalender diktiert zu bekommen. ☐

34. Gute Planung spart eine Menge Zeit. ☐

35. Besonders genieße ich meine Erfolge, wenn ich etwas geschafft habe, das an die Substanz ging. ☐

36. Ich bin geduldig. ☐

Auswertung

Tragen Sie die Punkte, die Sie erzielt haben, nun in die Tabelle ein

Frage	Punkte	Frage	Punkte	Frage	Punkte	Frage	Punkte
3		1		2		4	
5		8		6		7	
9		12		11		10	
16		15		13		14	
17		18		19		20	
23		22		21		24	
25		26		27		29	
31		30		28		32	
33		34		35		36	
Chaot		Planer		Macher		Helfer	

Je höher Ihre Punktzahl bei einem der vier Typen ist, desto klarer werden Sie sich wiederfinden. Sollten Sie ähnliche Werte in verschiedenen Kategorien erzielen, freuen Sie sich an Ihrer Ausgeglichenheit.

Chaot

Hut ab! Sie jonglieren mit der Zeit, und wenn mal eine Stunde zu Bruch geht, ist das auch nicht weiter tragisch. Diese Grundeinstellung ist durchaus positiv, doch es könnte sein, dass Sie sich manchmal verzetteln. Wie wäre es mit geplantem Chaos? Oder kreativer Planung? Zeitmanagement muss nicht dröge sein, im Gegenteil: Kreativität ist gefragt und da sind Sie sowieso spitze.
Anregungen: Lassen Sie sich nicht zu leicht ablenken. Finden Sie Gründe, warum es sich für Sie lohnt, pünktlich zu sein.

Planer

Nicht schlecht, Herr Specht! Ihr Lebensmotto könnte lauten: »Man sollte die Dinge so nehmen, wie sie kommen. Aber man sollte dafür sorgen, dass die Dinge so kommen, wie man sie nehmen möchte.« (Curt Goetz) Sie haben Ihr Leben gut im Griff. Manchmal jedoch stellt sich vielleicht die Frage, ob die Dinge nicht auch Sie im Griff haben. Wagen Sie den

Sprung ins Risiko, Ihre Planung einmal aus einem anderen Blickwinkel zu betrachten. Es ist keine Katastrophe, wenn mal etwas nicht so läuft, wie Sie sich das vorgestellt haben. Mit einem neugierigen und offenen Geist und Herzen entdecken Sie gerade in solchen Situationen Ihre vielleicht vernachlässigten Ressourcen wie Spontaneität und Flexibilität und die Lust am Unsinn, der oft lediglich die Vorstufe zum Sinn ist. Das kann Spaß machen!

Anregungen: Versuchen Sie einen Ihrer gewohnten Abläufe zu variieren. Wie fühlen Sie sich dabei? Schauen Sie Kindern beim Spielen zu und lassen Sie sich von ihnen anstecken. Lassen Sie einmal am Tag fünf gerade sein oder auch sieben, wenn Sie sich trauen.

Macher

Ihr Pensum ist wirklich enorm. Aber halsen Sie sich manchmal nicht zu viel auf? Und fragen Sie sich zuweilen, warum Sie das tun? Oder sind Sie es einfach gewohnt, das Hamsterrad nicht stillstehen zu lassen – womöglich gibt es sonst einen Stromausfall? Wie wäre es, wenn Sie sich einmal weniger vornehmen würden? Wenn Sie zur Abwechslung puffern statt powern?

Anregungen: Schauen Sie öfter mal über den Tellerrand: Was außer Arbeit gibt es sonst noch in der Welt da draußen? Haben Sie Mut zur Ruhe: Trauen Sie sich hin und wieder abzuschalten. Fixieren Sie nicht nur den Beginn eines Termins schriftlich, sondern auch sein Ende.

Helfer

Ihre soziale Kompetenz ist stark ausgeprägt! Auf Sie kann man sich immer verlassen. Wahrscheinlich tanzen Sie stets auf vielen Hochzeiten. Eventuell kommen Sie aber zu Ihrer eigenen Hochzeit zu spät, denn sobald jemand ruft, sind Sie da. Das ist großartig. Aber manchmal wird das von anderen ausgenutzt.

Anregungen: Bitten Sie zur Abwechslung einmal andere um Hilfe – und nehmen Sie die Hilfe an! Sagen Sie mit Lust und Freude: Nein! Setzen Sie sich ein persönliches Ziel, das Sie für sich erreichen möchten und von dem Sie nichts und niemand abhalten wird.

Eintracht mit der Kreativität und Intuition der rechten. Und zwar in einem Gehirn!

Wie auch Toni Buzan, der Erfinder der Mind-Map, weiß: »Wenn wir glauben, auf bestimmten Gebieten begabt und auf anderen unbegabt zu sein, dann beschreiben wir in Wirklichkeit solche Gebiete unseres geistigen Potenzials, die wir erfolgreich entwickelt haben, und andere Gebiete, die ungeweckt brachliegen, die aber mit der richtigen Pflege durchaus zur Entfaltung gebracht werden könnten.«

Chaoten zähmen, Planer befreien

Ohne Zweifel haben die kreativen Chaoten das bessere Image. Sie erleben die aufregenderen Dinge – kein Wunder, wenn man sich ständig aussperrt, Flugzeuge verpasst, Kreditkarten verliert – und glänzen in Filmen hochattraktiv: meistens große Augen und zerzauste Mähne, häufig bei Wind. Sie sind charmant, unterhaltsam, immer für eine Überraschung gut und können nie was dafür. Langweilig wird es mit ihnen niemals. Wir lieben sie – und verzeihen ihnen immer wieder: »Kannst du mir kurz aus der Patsche helfen. Das habe ich total vergessen. Sorry, dass du warten musstest …«

Das Licht für die schönen Chaoten machen die langweiligen Planer. Sie sorgen dafür, dass die Requisiten alle am rechten Platz stehen und die Chaoten nicht unter die Räder kommen. Planer werden gern übersehen. Man erkennt sie daran, dass das, was sie tun, störungsfrei funktioniert. Planer sind diejenigen, die Kaffee besorgen, den die Chaoten leer getrunken haben, die Kinder abholen, die weinend vor der geschlossenen Kindergartentür warten, wenn die Chaoten sich total verquatscht haben. Planer reden mit der Bank, wenn die Chaoten einen Engpass haben, und besorgen still und lei-

se einen neuen Toner für den Drucker. Auf so eine Idee würden die Chaoten gar nicht kommen. Wenn der Toner leer ist – nun, irgendwas passiert dann schon. Genau: Ein Planer passiert.

So betrachtet bilden die beiden ein Dreamteam! Es besteht also kein Grund, sich skeptisch zu beäugen. Schluss mit den Vorurteilen! Lieber voneinander lernen und einen realistischen Blick auf die Vorzüge werfen. Sie als kluge Zeitmanagerin wissen, dass Sie von Gegensätzen wunderbar profitieren können. Wozu zählen Sie sich eigentlich? Was können Sie von der anderen Seite abschauen?

Was Planer und Chaoten voneinander lernen können

Chaoten gewinnen Zeit durch Planung und erfahren die Freude daran, wenn sie etwas zu Ende bringen. Vielleicht entdecken sie sogar, wie spannend es sein kann, konzentriert bei einer Sache zu bleiben, und wie großartig es sein kann, wenn die Dinge dort liegen, wo sie vermutet werden. »Nicht zu fassen! Der Tesafilm in der Halterung! Ich krieg die Krise!«

Planer gewinnen Zeit durch eine entspanntere Haltung und die Erfahrung, dass die Welt keineswegs zusammenbricht, wenn sie einmal etwas nicht in der gewohnt perfekten Weise tun. Vielleicht staunen sie über die Kreativität, die auflodert, sobald sie den Mut haben, Routinen und gewohnte Abläufe links liegen zu lassen: eine Herausforderung für Linkshirner! »Es ist unglaublich! Ich habe mich kaum vorbereitet und alles lief bestens!«

Lisas lustige Liste

Anne hat sich oft über ihre Kollegin Lisa lustig gemacht. »Lisa, das ist die mit den Listen«, so redet sie privat über die Kollegin. Aber Lisa macht jeden Tag pünktlich Feierabend. Und das Schlimme ist: ihr Tisch ist dann wirklich leer. Anne macht selten pünktlich Feierabend und leer ist ihr Tisch nie. Eines Tages fasst Anne sich ein Herz und fragt Lisa, wie das so geht mit den Listen. Sie erwartet eine klassische Prioritätenliste oder andere Foltermethoden, die Anne mit Zeitmanagement verbindet. Oder die moderne Fassung: den kleine Planungshelfer bei Outlook, befüllt mit To-do-Punkten, gewissenhaft mit kurzfristig, mittelfristig, langfristig versehen und geordnet nach A-, B-, C-Priorität. Wahrscheinlich sitzt Lisa jeden Abend mit krummem Rücken vor ihrer Liste und pflegt nach. Deshalb muss sie auch immer pünktlich Feierabend machen. Sonst bricht das Chaos aus. Nein, das ist nichts für mich, hat Anne gedacht. Aber so was macht Lisa gar nicht, wie sich herausstellt.

Im Gegenteil, Lisas Liste ist so simpel wie einfach: »Zuerst einmal schreibe ich alles auf, was mir einfällt und in der Reihenfolge, wie

BIN ICH TOTAL VERPLANT
ODER BEHERRSCHE ICH DAS CHAOS?

Wo können Sie mehr Kreuzchen machen? Dann willkommen im Club!

Jippi! Ich bin ein Chaot

- ☐ Ich finde, es ist eine Superstrategie, Sachen aufzuschieben, weil sie sich dann oft von selbst erledigen.
- ☐ Ich notiere mir gern alles Mögliche auf irgendwelche Zettel.
- ☐ Ich arbeite gern an mehreren Projekten gleichzeitig.
- ☐ Stur ein Ziel zu verfolgen finde ich langweilig.
- ☐ Planung auch. Da wird mir ganz blümerant dabei.
- ☐ Ich liebe Zeitdruck.
- ☐ Nein sagen fällt mir schwer.
- ☐ Irgendwie ist doch beinahe alles wichtig – oder?

Ich bin ein Planer. Jippi im Quadrat!

- ☐ Was sofort erledigt werden kann, das wird sofort erledigt.
- ☐ Fliegende Zettel fliegen bei mir sofort raus!
- ☐ Ich arbeite meine Aufgaben nacheinander ab.
- ☐ Ich bin ein Fan von effizienter Terminplanung.
- ☐ Ich hasse Zeitdruck.
- ☐ Unvorhergesehenes bringt mich aus dem Konzept.
- ☐ Ich kann Wichtiges von Unwichtigem sehr gut unterscheiden.

es mir einfällt: Was ich schon immer mal machen wollte. Was ich machen muss. Ausstehende Gefälligkeiten. Alles. Fertig ist die Liste. Und nun beginnt der Spaß: Ist irgendwas erledigt? Wunderbar! Durchstreichen und weg damit. Neue Punkte werden unten angehängt. Das hat zwei Vorteile: Erstens kann ich jeden Tag eine Menge durchstreichen und zweitens vergesse ich nichts.«

»Und woher weißt du, was wichtig ist und was nicht?«

»Da hilft mir zum Beispiel das Eisenhower-Prinzip *(siehe Seite 59–61)*. Und ich verlasse mich auf meine Intuition, die mir sagt, was wann wichtig ist.«

Gibt es eine »Lisa« in Ihrem Bekanntenkreis, von der Sie sich inspirieren lassen möchten, einmal etwas anderes zu versuchen? Was spricht dagegen, sich gegenseitig auszutauschen? Das ist viel besser, als sich ständig zu vergleichen – ohne Referenzwerte. Vergleichen kostet nicht nur sehr viel Energie, sondern auch Zeit, und es schwächt uns. Vielleicht schafft Ihr Kollege mehr Anträge weg als Sie – na und? Es bringt überhaupt nichts, aufzurechnen, dass Sie dafür freundlicher am Telefon sind. Fragen Sie ihn lieber nach seiner Strategie. Oder vergessen Sie die Sache. Mehr Aufmerksamkeit ist diesem Thema nicht zu widmen. »Das Vergleichen ist das Ende des Glücks und der Anfang der Unzufriedenheit«, Søren Kierkegaard.

Kluge und souveräne Zeitmanager horten ihr Wissen nicht, sondern teilen es – und sie haben es nicht nötig, andere Systeme herabzusetzen, um sich ihrer selbst sicher zu sein. Sie versuchen stets, das Optimum zu erreichen – und dazu nutzen sie je nach Aufgabenbereich ihre rechte und linke Gehirnhälfte.

Mit Routine und Ritualen alles fest im Griff

Alles, was wir neu lernen, kostet viel Zeit. Irgendwann sind wir das erste Mal am Steuer eines Autos gesessen – puh, war das anstrengend. Was wir da alles beachten mussten! Heute machen wir uns keine Gedanken darüber. Autofahren ist Routine. Wie so vieles andere, was Sie Tag für Tag in Ihrem Alltag bewältigen. Und das ist gut so. Wer bewährte Abläufe und Routine zu nutzen weiß, spart viel Zeit, weil er nicht immer wieder und wieder bei Null anfangen muss. Es ist sogar so gut, dass wir, wann immer es sich lohnt, Routinen einführen sollten. Keine Sorge, liebe Chaoten, das macht das Leben nicht langweilig, sondern erst richtig bunt, weil Sie dann viel mehr Zeit für Ihren Wirbelwind haben!

Die Zofe von heute: Checkliste

Stefanie ist in ihrem Job zwei Tage pro Woche unterwegs. Eines Abends, als sie wieder einmal gestresst vor ihrem Koffer stand, kam ihr die Idee für eine immerwährende Koffer-Checkliste. Die liegt nun im Deckelfach des Koffers. Seitdem muss Stefanie kein Gramm mehr nachdenken beim Kofferpacken. Sie kann sogar entspannt telefonieren, während sie die Liste abarbeitet. Da sie außerdem fünfjährige Zwillinge hat, gibt es auch eine Checkliste für Urlaubsreisen mit der Familie.

Für welche Situationen können Sie Checklisten erstellen? Auch der kleine Post-it-Aufkleber an der Haustür »Schlüssel, Handy, Geld!« ist nichts anderes als eine Checkliste – oder die Letzte-Hilfe-Maßnahme einer Chaotin, die keine Lust mehr hat, monatliche Überweisungen an den Schlüsseldienst zu tätigen.

Angenommen, Sie möchten einmal in der Woche ins Fitnessstudio, haben dafür aber keinen Termin festgelegt. Das bedeutet, Sie müssen jede Woche neu planen, eventuell einen Babysitter buchen. Wenn Sie den Mittwoch dafür festlegen, ist die Sache vom Tisch *(siehe Seite 176–179)*. Fixe Termine müssen keine Last sein. Sie helfen uns, weil sie Zeit sparen. Behandeln Sie Ihre Routine stets als feste Termine, die Sie in Ihren Kalender eintragen. Welche verschiedenen Arten der Terminverwaltung es gibt, erfahren Sie im vierten Kapitel auf den Seiten 173 bis 178.

Tipp: Der Familienkalender

Sollten Sie in einer Familie leben, empfiehlt sich ein großer Kalender, in den jedes Familienmitglied in »seiner« Farbe seine Termine einträgt. So sparen Sie zeitaufwändige Abstimmungen – ein Blick auf den Kalender sagt Ihnen, wann Sie sturmfreie Bude haben – und Ihren Kindern auch!

Auch Partnerschaften profitieren von routinierten Abläufen und festen Terminen. So wissen beide was Sache ist und jeder kann freier planen. »Donnerstags ist meine Liebste immer beim Yoga. Montags arbeitet sie gern länger. Also geh ich an einem der beiden Tage zum Tischtennis – oder bringe den Kleinen ins Bett – außer am ersten Donnerstag im Monat. Da kommt ihre Mutter ...«. So müssen Sie nicht jedes Mal erklären, dass Sie an einem bestimmten Tag dies und jenes vorhaben. Sie gewinnen viel Zeit, wenn Sie ihren Tagesablauf nicht jeden Morgen neu erfinden müssen. Sie können sich zurücklehnen und auf Bewährtes verlassen. Rituale und Routinen machen den Alltag überschaubar und einfacher.

Routine rockt

Routiniert läuft alles rund: Weil mit einer gewissen Struktur der Alltag flutscht und Sie nicht lang überlegen müssen, was wann zu machen ist. »Am Samstag putze ich die Böden, wie immer, danach beginnt für mich das Wochenende!« Und wenn Sie trotz aller Vorteile mit den Routinen hadern – gestalten Sie sie abwechslungsreich:

- Tun Sie als Rechtshänderin möglichst viel mit links. Und als Linkshänderin mit rechts. Zähneputzen, Eincremen, Essen – das ist lustig und durchbricht jeden automatisierten Handlungsablauf, auch wenn der als solcher natürlich prima ist. Ganz nebenbei trainieren Sie so auch Ihr Oberstübchen.

- Zelebrieren Sie den Augenblick. Nicht nur schnell, schnell eine Tasse Kaffee reinschütten: bewusst genießen!
- Anrufbeantworter abhören. Warum nicht auf einem Bein stehend – oder für Könner, im Kopfstand!
- Geschirrspülmaschine ausräumen: Wenn Sie alleine sind: singen. Wenn Sie nicht allein sind und mutig, auch.
- Wäsche aufhängen: Sagen Sie sich all das, was Sie sich schon lange mal sagen wollten – selbstverständlich ausschließlich tolle Sachen. »Ich finde dich wunderbar, weil du …«

Jetzt kann das Chaos kommen

Je besser Sie das ganze Drumherum im Griff haben, desto genüss-licher können Sie sich dem Chaos hingeben. Vielleicht zusammen mit Ihren Kindern. Kinder lieben Chaos – und merken nicht mal, dass sie Weltmeister drin sind. Da können sich Planer und Strate-gen einiges abschauen. Und ihre Kinder können von ihnen lernen. Allerdings sollten Kinder genug Zeit ohne Termine verbringen dür-fen, auch dann, wenn wir sie optimal fördern wollen.

Übrigens: Kindern gelingt es spielend, zwischen den beiden Polen – Chaos und Planung – hin und her zu wechseln, denn sie lieben nicht nur das Chaos, sondern auch die Routine. Wenn die Kleinen gelernt haben, dass nach dem Essen Karius und Baktus der Garaus gemacht wird, dann ist das so klar wie das Sandmännchen vorm Einschlafen. Konsequente Ansagen sind die besten Helfer für ein harmonisches Miteinander und ersparen Ihnen Diskussionen. Wieso sollte über das Zähneputzen diskutiert werden, wenn es seit Jahr und Tag so gemacht wird? Das ist einfach so.

»Waru-hum?«

»Weil es so ist.«

Und das ist gut so!

IHRER INNEREN UHR
KÖNNEN SIE NICHT ENTRINNEN

Morgenstund hat Gold im Mund. Tatsächlich? Gilt das für alle? Die noch recht junge Wissenschaft der Chronobiologie, die unsere biologische Uhr untersucht, hat da so ihre Zweifel: Was kann der Zeitpunkt, wann ein Mensch morgens aufsteht, darüber aussagen, ob er faul oder fleißig ist? Nicht jedem lächelt die Morgenstund vollmundig zu. Manchem zeigt sie bloß ihre Zähne. In einer Industriegesellschaft und im Computerzeitalter gibt es keinen vernünftigen Grund dafür, warum ein Mensch, der frühmorgens aufsteht, automatisch fleißiger sein soll als ein Langschläfer. Er ist aufgestanden. Nun gut. Sonst noch was? Völlig unberücksichtigt bleibt bei dieser Bewertung, ob der Frühaufsteher zehn faule Stunden und der Langschläfer sechs knappe geschlafen hat. Früh bleibt früh. Das ist in vielen Köpfen drin, obwohl wir unser täglich Brot schon lange nicht mehr mit ackern, pflügen, säen verdienen.

So wie es Lang- und Kurzschläfer gibt, gibt es auch Menschen, die sehr früh am Tag vor Energie sprühen und andere, die bis in den Vormittag hinein Anlaufzeit benötigen, ehe sie abends und nachts zur Höchstform auflaufen. Das hat nichts mit dem Willen zu tun. Das ist so angelegt. Genetisch. Fast ein Viertel der Bevölkerung schläft ungefähr acht Stunden, etwa 60 Prozent benötigt zwischen 7,5 und 8,5 Stunden Schlaf. Es gibt zudem Menschen, die mit weniger als fünf Stunden Schlaf auskommen, wenn auch selten, und solche, die mehr als zehn Stunden brauchen.

Alle Lebewesen haben die Fähigkeit, mit ihrem Körper Zeit zu messen. Die meisten Tierarten könnten ohne diese innere Uhr gar nicht existieren. Doch wir Menschen haben sie eingetauscht gegen mehr und weniger hübsche Statussymbole. Je moderner eine

Gesellschaft ist, desto weniger leben ihre Bewohner im Einklang mit ihrer inneren Uhr. Dabei kann sie uns wertvolle Hinweise darauf geben, was gut für uns ist – und wie wir die Dinge, die zu tun sind, am effektivsten und effizientesten erledigen. Die innere Uhr bleibt nicht stehen, geht weder vor noch nach, und man kann sie nirgendwo liegen lassen. Leider vergessen wir allzu oft, dass sie zu unserem biologischen Survival-Kit gehört.

Mal Lerche, mal Eule

Auch wenn Sie gerne möchten: Das können Sie sich nicht aussuchen. Ob Sie zu den Lerchen oder Eulen gehören, entscheiden Ihre Gene, und an diesem Code können Sie nicht drehen. Das ist so. Zwar ist es möglich, uns mit Willenskraft an bestimmte Zeiten zu

gewöhnen, doch so richtig wohl fühlt sich die Lerche nach Mitternacht nie. Allerdings verändern wir unsere Vorlieben im Lauf des Lebens. Kleine Kinder gehören – zum Leidwesen vieler Eltern – häufig zu den Lerchen. In der Pubertät verwandeln sie sich dann in Eulen, die am liebsten bis Mittag schlafen würden, und um das 20. Lebensjahr flattern sie wieder zurück zu den Lerchen, mit schnelleren oder langsameren Flügelschlägen, dies haben die Untersuchungen des Chronobiologen Professor Till Roenneberg ergeben.

Neben diesen beiden extremen Ausprägungen gibt es das Mittelmaß, den Normaltyp, dem im Prinzip die meisten Erwachsenen angehören. Nachfolgend drei Zeitfenster, die Sie nutzen können:

- Zwischen 10 und 11 Uhr zeigt sich das Kurzzeitgedächtnis in Hochform – eine gute Zeit, um für Prüfungen zu lernen! Jetzt sprudeln die Ideen, und Sie finden auch für komplexe Probleme Lösungen. Packen Sie kniffelige Themen jetzt an.
- Zwischen 13 und 14 Uhr sollten alle wichtigen Probleme gelöst sein. Im Mittagstief fällt die Arbeit schwer.
- Ab 17 Uhr ist der Körper in Topform. Belastungen werden kaum wahrgenommen, die Muskeln sind besonders kräftig und auch leichter aufzubauen als am Morgen.

Probieren Sie es aus! Lernen oder rätseln Sie ein Stündchen um zehn Uhr, machen Sie von 13 bis 14 Uhr Pause und joggen Sie mal am späten Nachmittag statt am frühen Morgen. Und falls Sie sich mit diesem Rhythmus nicht wohlfühlen: Schauen Sie auf das Zifferblatt Ihrer inneren Uhr. Dort können Sie alles ablesen, was Ihren persönlichen Rhythmus betrifft. Wenn Sie eine »Lesehilfe« benötigen: Machen Sie sich ruhig mal Aufzeichnungen, wann Sie sich wie fühlen und gestalten Sie Ihr Leben entsprechend.

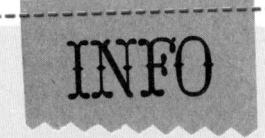

KLEINE
VOGELKUNDE

Lerchen ...

tirilieren schon früh am Morgen. Sie sind Frühaufsteher und frühstücken mit großem Appetit. Ihr erstes Leistungshoch haben sie gegen 11 Uhr. Je später es wird, desto müder wird die Lerche. Ihr gefühlter Tag hat 23 Stunden. Übrigens sind Lerchen im Schnitt weniger wohlhabend als Eulen. In Bezug auf Gesundheit und Intelligenz unterscheiden sich die beiden Chronotypen nicht.

Eulen ...

fällt das Aufstehen am Morgen schwer. Es dauert, bis sie in die Gänge kommen und auf ein Frühstück können sie locker verzichten. Lieber trinken sie literweise Kaffee und schleppen sich mehr schlecht als recht durch den Vormittag. Je später es wird, desto munterer werden sie – bis zu ihrem Leistungshoch um 15 Uhr. Sie besuchen gern Abendveranstaltungen, klar, ihr gefühlter Tag hat ja auch 25 Stunden. Deswegen ist Arbeit bis spät in die Nacht kein Problem für sie. Ganz im Gegenteil: eher ein Höhenflug!

Nutzen Sie Ihre innere Bauchuhr, um Ihre Tätigkeiten so zu planen, dass sie zu Ihrem Zeittyp passen. Als Lerche oder Normaltyp *(siehe Seite 85–86)* können Sie morgens sehr gut Dinge erledigen, die wichtig sind *(siehe Seite 59–61)*. Vielleicht haben Sie sich bis dato damit gequält, bis zur Mittagspause ebenso viele komplexe Angelegenheiten zu regeln wie ein Kollege und fühlen sich dennoch schlecht, weil Sie das einfach nicht hinbekommen. Achten Sie mal darauf, ob der Kollege gegen 15 Uhr in den Seilen hängt, wenn Sie Bäume ausreißen. Dann wissen Sie, wem die Stunde schlägt! Als

Eule sollten Sie wichtige Angelegenheiten am Vormittag meiden. Das ist gar nicht so einfach. Viele Behörden haben nur am Vormittag geöffnet. Unsere Gesellschaft ist auf Lerchen ausgelegt, worunter auch Schulkinder leiden.

Neben der groben Unterscheidung zwischen Morgenmuffeln (Eulen) und Frühaufstehern (Lerchen) kann man die Zeittypen noch differenzierter beschreiben. Die Chaoten und Planer haben Sie ja schon kennengelernt *(siehe Seite 76–83)*. Hier spielen Bauch und Kopf eine Rolle. Daneben gibt es aber noch die Macher und Helfer. Wozu Sie tendieren, hängt nicht unwesentlich von Ihrer Erziehung und Ihrem Charakter ab *(siehe Test Seite 72–75)*.

Im Einklang mit dem Biorhythmus

Es gibt schnelle und langsame Menschen, solche, die systematisch vorgehen und andere, die spontan handeln. Solche, die hetzen und andere, die sich gemächlich fortbewegen. Eine Frage des Temperaments und des Biorhythmus.

Hektiker und Schnecken

Ob jemand schnell oder langsam »tickt«, sagt nichts über die Qualität seiner Arbeit oder seinen Charakter aus. Die einen reden hastig und denken langsam – und andersherum. Ein Tempo für alle wäre langweilig. Wichtig ist, dass jeder Mensch in seinem Tempo zu Hause ist. Einen Menschen mit einem hohen Aktionsbedürfnis zur Ruhe überreden zu wollen »jetzt komm doch erst mal runter, setz' dich hin und ruh' dich aus«, – bringt gar nichts, denn er fühlt sich wohl im Trubel. Es ist gesünder, im eigenen Rhythmus zu leben, als sich ein fremdes Tempo aufzuzwingen. Was für den einen viel zu schnell ist, mag einen anderen tödlich langweilen. Der Zeitforscher Robert Levine stellt fest: »Eine Balance zwischen dem Tempo des Arbeitslebens und des Privatlebens ist für die seelische und körperliche Gesundheit möglicherweise wichtiger als die simple Frage, ob an einem Arbeitsplatz großer oder nur geringer Zeitdruck herrscht.« Mit anderen Worten: Dass ein Mensch und seine Aufgaben sich entsprechen, ist wichtiger als das objektive Maß an Stress, das eine Tätigkeit mit sich bringt.

Systematiker und Spontane

Systematikern fällt es leicht, sich Ziele zu setzen, detaillierte Pläne auszuarbeiten und sie danach Schritt für Schritt zu realisieren. Sie denken nicht groß darüber nach, was an der Reihe ist – wozu auch: steht doch auf ihrer Liste. Systematiker freuen sich, wenn sie etwas erledigt haben – und widmen sich dem nächsten Punkt auf der Liste; eins nach dem anderen, unbeirrbar – so erreichen sie ihr Ziel.

Bei einem spontanen Menschen stößt diese Vorgehensweise nicht nur auf Misstrauen, sondern oft sogar auf Ablehnung: »Ich kann doch gar nicht wissen, wann ich wozu Lust habe!« Ein spontaner Mensch lässt sich von seinen Stimmungen und Gefühlen leiten und kann dabei durchaus erfolgreich sein – solange er diszipliniert ist und die richtigen Stimmungen kultiviert.

Es erfordert sicher Training, um das hinzubekommen, doch es ist möglich – und dann haben die Spontanen einen großen Vorteil: Sie genießen südländisches Flair – im Einklang mit ihrer inneren Uhr. Sie haben Lust auf etwas Kreatives – sie widmen sich einer kreativen Aufgabe. Am Nachmittag, wenn sie müde sind, machen sie ein Nickerchen und kümmern sich dann um ihre E-Mails, ehe sie die To-do-Liste für den nächsten Tag schreiben. Wer freiberuflich tätig ist, gehört hier zu den Privilegierten. Allerdings erfordert es ein hohes Maß an Disziplin, seinen Tag strukturiert UND nach der inneren

Uhr zu gestalten. Ein Widerspruch? Probieren Sie es aus. Auch als Angestellte können Sie über Ihre Zeit verfügen. Sprechen Sie mit Ihrem Chef – nur Mut! Letztlich ist er an seiner Bilanz interessiert, und was Sie ihm vorschlagen, bedeutet Gewinnmaximierung!

Zwischen Stoppuhr und stopp Uhr

Wie Menschen mit Zeit umgehen, hängt außerdem davon ab, wo sie leben. In Mittel- und Nordeuropa sowie angelsächsischen Ländern wird die Zeit als linear und messbar betrachtet – wir leben monochron und legen Wert darauf, unsere Zeit so effizient wie möglich zu gestalten, planen im Voraus und exakt nach der Uhr.

In Südeuropa, dem romanischen, hispanischen, russischen und arabischen Sprachraum gehen die Uhren anders: Polychrone Zeitgenossen lassen sich in kein Zeitraster zwängen. Sie nehmen Zeit nicht linear wahr und folgen ihrer Intuition und Stimmung. Die Uhr, nach der sie sich richten, heißt der »günstige Augenblick«.

Robert Levine, Autor des Buchs *Eine Landkarte der Zeit,* nennt die polychrone Zeit sehr treffend die »Ereigniszeit«. Menschen, die hier zu Hause sind, lassen ihren Tagesablauf von den Ereignissen bestimmen. Sie essen nicht um zwölf Uhr mittags, sondern wenn sie hungrig sind. Sie stehen auf, wenn sie ausgeschlafen haben. Busse fahren los, wenn sie voll sind. So ist auch Pünktlichkeit in vielen Ländern der Welt keine Tugend, sondern unhöflich bis brüskierend. Wer auf den Philippinen verabredet ist, kommt mindestens eine Viertelstunde zu spät. In Südamerika gilt bei Einladungen eine Stunde Verspätung als angebracht. In Ländern, in denen die Uhren nach der Ereigniszeit gestellt werden, ist der Individualismus auch weniger ausgeprägt als in unseren Breiten, wo mehr Wert auf Leistung denn auf Zusammengehörigkeit gelegt wird.

Bei uns ist Zeit Geld und Leute tun so seltsame Dinge, wie Bücher über Zeitmanagement lesen. Und haben womöglich auch noch Spaß dabei. Es besteht eine Art kollektiver Zwang, jeden Augenblick irgendwie zu nutzen. Alles muss sich lohnen, ständig muss etwas herausspringen. In Kulturen, in denen soziale Beziehungen wichtiger sind, wird ein entspannter Umgang mit der Zeit gepflegt. Ein gutes Vorbild für kluge Zeitmanager!

Vertrauen Sie Ihrer intuitiven Bauchuhr, die den Takt Ihres Lebens im Rhythmus Ihres Herzens schlägt. Denn so sehr wir uns auch bemühen, Zeit zu managen, letztlich enden wir doch wieder bei Augustinus, der vor bald 2000 Jahren feststellte: »Was also ist Zeit? Wenn mich niemand fragt, weiß ich es. Wenn ich es jemandem erklären will, der fragt, weiß ich es nicht.« In den folgenden Kapiteln bekommen Sie genug Stoff für Ihre entspannte Zukunft als Zeitmillionärin – ohne sich dabei anstrengen zu müssen.

Im Zeitraffer

Sofapause! Und damit Ihr Unterbewusstsein beim Faulenzen alles Wichtige integriert, hier ein paar Anregungen aus diesem Kapitel.

- Nutzen Sie die Fähigkeiten Ihrer beiden Gehirnhälften.
- Profitieren Sie von Menschen, die ein anderes Zeitverständnis haben als Sie.
- Setzen Sie auf Routinen, die Ihnen Freiraum zum Faulenzen bescheren.
- Takten Sie Ihr Leben in Ihrem persönlichen Chronorhythmus.

Wer hat
meine Zeit gestohlen?

Jetzt haben Sie schon viel erkannt und Sie haben sich und anderen bewiesen, dass Sie in der Lage sind, Dinge zu verändern. Nun geht es einem der Herzstücke des Zeitmanagements an den Kragen. Zeitfänger und Zeiträuber müssen sich nun warm anziehen. Und das wird ihnen auch nicht helfen. Denn mit Ihrer Motivation werden Sie sie einfach wegpusten. Viel Spaß dabei!

ZEITFÄNGER UND ZEITRÄUBER SEGNEN DAS ZEITLICHE

Ja, ja, alles Einbildung. Es gibt sie gar nicht. Es gibt auch keine schwarzen Zeitlöcher. Und keinen Pumuckl. Trotzdem verschwindet Zeit ständig, und wenn es nicht der Pumuckl war: Wer dann? Wer sind diese kleinen Monster, die sich von unserer Zeit ernähren?

Die Gattung der Zeitfresser besteht aus Zeitfängern und Zeiträubern. Zeitfänger arbeiten mit Netzen, Fallen und allen möglichen Tricks, um uns Sekunden, Minuten und Stunden zu stehlen. Es gilt als wahrscheinlich, dass viele von ihnen ein Psychologiestudium absolviert haben, denn sie sind verdächtig vertraut mit den menschlichen Verhaltensweisen. Zeitfänger schnappen überall dort zu, wo wir länger für die Erledigung unserer Aufgaben brauchen als wir möchten. Dabei bedienen sie sich verschiedenster Methoden. Mal fangen sie unsere Zeit durch äußere Umstände, mal manipulieren sie uns raffiniert, damit wir sie ihnen womöglich freiwillig zur Verfügung stellen, indem wir uns eine Aufschieberitis *(siehe Seite 122–129)*, Infomanie *(siehe Seite 116–119)* oder chronische Verzettelung *(siehe Seite 112–115)* zuziehen.

Zeiträuber arbeiten mit Charme oder dem Appell an unser schlechtes Gewissen, mit Drohungen, aber auch mit guten Manieren. Sie kennen uns Menschen in- und auswendig, denn sie sind selbst welche: Zeiträuber lauern überall, wo wir es mit Menschen zu tun haben, deren Hobby es ist, anderen Zeit zu stehlen. Völlig unabsichtlich natürlich. »Ich wollte dich nur mal eben fragen, ob du …«.

Es versteht sich von selbst, dass diese Panzerknacker auch bei relaxten Zeitmillionären für Beunruhigung sorgen können. Doch es gibt keinen Grund, sich aus dem Gleichgewicht bringen zu lassen. Das Wichtigste zuerst: Die Gattung der Zeitfresser ist nicht ansteckend. Sie brauchen nicht – wie bei Kontakt mit Bazillen und Viren – Uhren nur noch mit Taschentüchern anfassen und sich ständig die Hände waschen. Allerdings – davor sollte gewarnt werden: die Zeitfresserei ist übertragbar. Kaum fängt einer an, schludern die nächsten schon mit. Und nun wieder eine gute Nachricht: Sie ist viel leichter loszuwerden als ein paar Pfund Hüftgold. Eigentlich spielend leicht, und gewusst wie, macht es sogar Spaß. Keine Sorge: Die kleinen Monster werden nicht verhungern. Weltweit gibt es genug Zeit für sie. Vielleicht wandern sie aus in ein südliches Land, wo sie mit Minuten und Stunden um sich werfen können, wo sie sich einmal im Monat zwei, drei Tage einverleiben und sich zwischendurch mit knackigen Sekunden erfrischen.

Da Zeitfresser für gewöhnlich nicht auf dem Küchentisch herumspringen: »Hallo, hallo, hier bin ich!«, besteht Ihre detektivische Herausforderung nun darin, Ihre Zeitfresser ausfindig zu machen. Doof sind die nämlich nicht. Sie arbeiten im Untergrund, oft so raffiniert, dass wir später behaupten: »Dafür kann ich nichts«, »Das waren die Umstände«, »Ich habe es nicht geschafft, weil mein Chef …«, »Ich hätte ja gern, aber …«.

Hinter all diesen Unpässlichkeiten stecken die kleinen Monster, die uns diese Entschuldigungen unterschieben, damit wir so weitermachen können. Dieses Spiel ist nun durchschaut. Wir gehen den Zeitfressern ab sofort auf den Zeiger!

WAS ZEITFRESSER
AUF DEN PLAN RUFT

Am Arbeitsplatz

- defekte Computer und Maschinen
- E-Mail-Bombardements
- endlose Besprechungen
- Kaffeeklatsch mit Kollegen
- veraltete Arbeitsgeräte
- mangelhafte Unternehmensführung
- Papierkram
- Terminverschiebungen
- unklare Anweisungen
- zu lange Entscheidungswege

- Ablenkungen aller Art
- Aufschieberitis (siehe ab Seite 122)
- lange Wege
- Lärm
- Organisationsdefizite
- planloses Handeln
- schlecht ausgebildetes Personal
- ewiges Suchen nach Dingen
- Telefonieren
- Trödelei
- übertriebene Hilfsbereitschaft
- Ungenauigkeit
- Unordnung
- Unpünktlichkeit
- Unvorhergesehenes
- Unzuverlässigkeit
- Warten

Familie und Freizeit

- Einkaufen
- Fernsehen
- Internet
- unangemeldete Besucher
- fehlende Unterstützung in der Familie

So kommen Sie Ihren Zeitfressern auf die Spur

Kennen Sie vielleicht schon welche? Wenn nicht, fragen Sie sich:
»Womit verplempere ich meine Zeit?« und »Wer oder was kommt
deswegen oft zu kurz?« Im Infokasten *(diese Seite oben)* finden
Sie einige Beispiele. Bestimmt werden Sie Ihre Zeitfresser rasch
aufspüren. Gelegenheiten, die Zeitfresser auf den Plan rufen, gibt
es überall, im Berufs- wie im Privatleben.

Haben Sie was gefunden? Nicht? Das ist leider kein Beweis dafür, dass Ihre Zeitfresser bereits in sonnigen Gefilden weilen. Es gibt da noch andere. Und die sind wesentlich ausgebuffter, denn wir haben sie selbst herangezüchtet: durch Glaubenssätze, Charaktereigenschaften, kleine und größere Schwächen. Verscheuchen kann man sie nicht so einfach, weil sie in uns drin sind – Zeitfresser wie: alles auf einmal wollen, Aufgaben nicht zu Ende führen, Aufschieberitis, Depression, fehlende Prioritäten, fehlende Ziele, Furcht zu scheitern, Hast, Kommunikationsdefizite, Konflikte, Konzentrationsprobleme, Jähzorn, Langeweile, Launen, mangelnde Disziplin, Motivationsprobleme, Melancholie, Müdigkeit, negative Grundeinstellung, nicht »Nein« sagen können, Perfektionismus, Planlosigkeit, Probleme beim Loslassen, schlechte Erfahrungen, Schwierigkeiten beim Delegieren, Selbstüberschätzung, Selbstunterschätzung, Sorgen, Überforderung, Ungeduld, Vergesslichkeit,

Verzettelung usw. Konzentrieren Sie sich lediglich auf Dinge, die in letzter Zeit nicht optimal gelaufen sind. Wie heißen die Zeitfresser, die dahinterstecken?

Wenn Sie sich noch nicht sicher sind, wo Ihre eigenen Zeitfresser sich aufhalten, führen Sie für einige Zeit ein Protokoll: Schreiben Sie auf, was Sie wie lange machen, wie Sie damit zurechtgekommen sind und was Sie eventuell davon abgehalten hat.

Wann	Tätigkeit	Zeitfresser	Ich fühle mich
8:oo Uhr	Frühstück	zu lange Zeitung gelesen	atemlos, weil zu spät aus dem Haus

Die meisten Menschen, die so ein Protokoll führen, staunen, wie viele Zeitfresser sich in ihrem Leben tummeln. Wer schon einmal eine Diät gemacht hat und zu deren Beginn ein Ernährungsprotokoll geführt hat, weiß, was hier gespielt wird. Selbst die kleinsten Sünden kommen ans Licht. Auch die Zeitfresser verjagen wir nicht allein mit dem bloßen Vorsatz, jetzt mal besser aufzupassen. Wir müssen sie dingfest machen, und zwar mit Stift und Papier. Sonst entkommen sie uns gleich wieder. Was wollte ich gleich noch mal ... Wer Protokolle und Listen verabscheut, der findet nachfolgend verschiedene Methoden, um den Zeitfressern beizukommen.

Die Ampelmethode

Sicher entdecken Sie ein, zwei, drei Hauptverdächtige. Ist es das Telefon, das Sie ständig ablenkt? Oder sind es Sorgen, die Sie nicht loslassen können? Andere Menschen, die dauernd etwas von Ihnen wollen? Notieren Sie drei der Hauptakteure:

1.

2.

3.

Stellen Sie sich nun eine Ampel vor, die Sie von heute an begleitet. Ihr Ziel ist es, grünes Licht zu haben. Freie Fahrt für freie Millionärinnen. Jedesmal, wenn einer Ihrer drei Hauptakteure auftritt, springt die Ampel auf Rot. Gefahr erkannt, Gefahr gebannt. Denn Sie lassen sich nicht ausbremsen. Alles im grünen Bereich!

Die Kruggeschichte

Ein alter Professor wurde eines Tages gebeten, einen Vortrag über den sinnvollen Umgang mit der Zeit zu halten. Doch anstatt zügig mit der Vorlesung zu beginnen, betrachtete der Professor seine Zuhörer eine Weile. Dann verkündete er mit ruhiger Stimme: »Wir werden ein Experiment durchführen«, und ging zu einem Tisch, auf dem ein riesiger Glaskrug stand. Niemand wusste, was das zu bedeuten hatte. Der Professor legte nach und nach ein Dutzend tennisballgroßer Steine in den Krug. Als der Krug bis oben gefüllt war und kein weiterer Stein mehr Platz hatte, fragte er seine Zuhörer: »Ist der Krug voll?«

»Ja«, kam die einstimmige Antwort.

»Wirklich?«, fragte der Professor.

Unsicherheit machte sich breit. Nun nahm der Professor einen Becher Kies und schüttete ihn sorgfältig über die Steine im Krug, sodass der Kies sich verteilen konnte. Das Publikum staunte und als der Professor fragte: »Ist der Krug voll?«, waren alle verunsichert, obwohl der Krug augenscheinlich bis zum Rand gefüllt war.

Einer der Zuhörer meinte »Es sieht so aus als ob, aber wahrscheinlich nicht.« Der Professor lächelte, verschwand erneut und kehrte mit einem Eimer Sand zurück, den er vorsichtig in den Krug rieseln ließ. Der Sand füllte die Räume zwischen den großen Steinen und dem Kies auf. Als der Professor fragte: »Ist der Krug nun voll?«, antwortete sein Publikum ohne zu zögern. »Nein.«

DIE
25 000-DOLLAR-METHODE

Nicht allein hinsichtlich Ihrer Lebensziele ist es wichtig, zu entscheiden, was wirklich von Bedeutung ist. Jeden Morgen können Sie ein Glas mit Steinen befüllen, die an diesem Tag wichtig sind. Wenn Sie sich das angewöhnen, werden Sie sehr viel Zeit gewinnen – vielleicht sogar im Wert von 25 000 Dollar. Der Unternehmer Charles Schwab hatte Anfang des 20. Jahrhunderts Irving Lee damit beauftragt, ein Zeitplanungssystem zu entwickeln, um die Prozesse in Schwabs Firma zu verbessern. Als Lee seine Methode vorstellte, war der Unternehmer so begeistert, dass er ihm 25 000 Dollar bezahlte. Auch Sie können mit diesem berühmten Wunderwerk lernen, Prioritäten zu setzen. Und so geht's:

1. Schreiben Sie sich täglich die wichtigsten Aufgaben auf, die Sie am kommenden Tag erledigen werden.

2. Ordnen Sie die Aufgaben nach Wichtigkeit und nummerieren Sie sie durch. Aufgabe Nr. 1 ist die wichtigste. Achten Sie darauf, dass jedes Projekt nur maximal 20 Minuten Zeit in Anspruch nimmt. Das bedeutet: Größere Projekte sollten Sie in Teilabschnitte zerlegen.

3. Am nächsten Tag arbeiten Sie die Aufgaben ab. Beginnen Sie mit Aufgabe Nr. 1.

4. Sobald diese erledigt ist, überprüfen Sie, ob die Prioritäten weiterhin stimmen, da in der Zwischenzeit oftmals neue Aufgaben dazugekommen sind. Ordnen Sie die neuen Aufgaben in die Prioritätenliste ein.

5. Am Ende des Tages haben Sie vielleicht nicht jede Aufgabe abgearbeitet, aber die wesentlichen haben Sie geschafft. Ordnen Sie am Abend Ihre Aufgaben für den nächsten Tag neu.

6. Machen Sie sich dieses Vorgehen zur Routine.

Der Professor füllte den Krug bis zum Rand mit Wasser. Dann fragte er:»Was sagt Ihnen dieses kleine Experiment?«

»Es zeigt uns«, antwortete jemand, »dass selbst, wenn wir glauben, unser Zeitplan wäre bis zum Maximum ausgebucht, immer noch Platz ist für die eine oder andere Sache und wir doch noch einen Termin einschieben können.«

»Nein«, erwiderte der Professor, »das wollte ich mit diesem Experiment nicht zum Ausdruck bringen. Was deutlich wird, ist, dass es auf die Reihenfolge ankommt. Nur wenn wir die großen Steine als Erstes in den Krug legen, passt alles andere später hinzu. Wenn wir die großen Steine zum Schluss hineinlegen, werden wir niemals alles unterbringen.« Er schwieg eine Weile, um das Gesagte wirken zu lassen, und fragte dann: »Was sind die großen Steine in Ihrem Leben?« Er machte eine Pause, ehe er weitersprach: »Ihre Gesundheit? Ihre Familie, Kinder, Freunde? Ihr Hobby? Die Realisierung Ihrer Träume? Was auch immer es ist: Setzen Sie es an die erste Stelle. Sonst finden Sie keinen Platz mehr dafür. Denn wenn Sie Ihr Leben mit Kleinigkeiten wie Kies und Sand füllen, fehlt Ihnen die Zeit für das, was wirklich wichtig ist. Deshalb fragen Sie sich immer wieder: Was sind die großen Steine in meinem Leben? Und legen Sie diese als Erstes in den Krug Ihres Daseins.«

Gestärkt mit dieser Geschichte, inspiriert von Stephen R. Covey, gilt es nun, Ihre Zeitfresser in die Schranken zu weisen, die Sand und Kies lieben wie Kinder Gummibärchen! Klar setzen die Zeitfresser alles daran, so viel wie möglich davon zu bekommen und es ist ihnen total egal, ob wir dabei auf der Strecke bleiben. Uns aber nicht. Also: Ab in die Wüste mit den kleinen Monstern. Da könnt ihr euch mit Sanduhren vergnügen!

Welche Steine zuerst ... das ist die zentrale Frage. Eines der wichtigsten Ziele beim Zeitmanagement ist es, alle anstehenden Aufgaben

ANZIEHUNG –
WILL ICH DAS ODER WILL ICH ES NICHT

Wenn wir Ja denken und sagen, reagieren unsere Muskeln stärker – als wenn wir Nein denken und sagen. Das bedeutet: Wenn wir etwas tun, obwohl unser Körper und unsere innere Stimme uns zu verstehen geben, dass wir es nicht mögen, nicht können oder davor Angst haben, öffnen wir den Zeitfressern Tür und Tor: »Kommt nur rein, nein, ihr stört überhaupt nicht!« Mit dieser Übung können Sie testen, wozu Sie im Moment wirklich Ja sagen.

Stellen Sie sich locker und gerade hin, die Füße hüftbreit auseinander. Nehmen Sie einen Gegenstand, den Sie testen möchten, in eine Hand – oder Ihren Gedanken, vielleicht versinnbildlicht in einem bestimmten Gegenstand. Halten Sie diese Hand nun an den Solarplexus, er befindet sich etwa eine Handbreit über dem Bauchnabel. Stellen Sie Ihre Frage laut oder leise – zum Beispiel: »Ist es das Beste für mich ...?«. Schließen Sie dabei die Augen. So kann Ihr Unterbewusstsein besser arbeiten.

Die folgende Reaktion ist bei jedem Menschen gleich:

- ⭕ Sie kippen nach vorne oder spüren eine Anziehung nach vorne, was bedeutet, es zieht Sie an = positiv.
- ⭕ Oder Sie kippen nach hinten oder spüren eine Anziehung nach hinten, was bedeutet, es stößt Sie ab = negativ.

Das Ergebnis sagt nichts über die Qualität der Sache aus, sondern lediglich darüber, was im Moment für Sie persönlich anziehender wirkt. Diese Übung sagt auch nichts darüber aus, wie die zukünftige Entwicklung sein wird. Müssen Sie sich etwa zwischen zwei Jobs entscheiden, werden Sie mit diesem Test keine Garantie bekommen, dass Sie der gewählte zum Millionär macht. Wozu auch. Das sind Sie ja schon. Aber Sie werden erfahren, wohin es Sie im Moment zieht.

in eine effektive und effiziente Reihenfolge zu bringen. Damit schlagen Sie gleich mehrere Zeitfresser auf einen Streich:

- Sie trennen das Wesentliche vom Unwesentlichen,
- Sie vermeiden unnötige Arbeit,
- Sie steigern Ihre Effizienz,
- und Sie tun die richtigen Dinge, statt Dinge einfach nur richtig zu tun.

WIE SIE ZEITFÄNGERN DAS HANDWERK LEGEN

»Was man nicht im Kopf hat, hat man in den Beinen«, lautet ein Sprichwort. Auf dem Weg zur Mülltonne eine Tüte vergessen, zurück auf Start. Beim Auspacken der Einkaufstasche merken, dass man alles Mögliche besorgt hat, nur nicht das, weshalb man losgezogen ist. Nicht schlimm? Nein, nicht schlimm, aber wenn es öfter passiert, summieren sich diese Unachtsamkeiten. Jeden Tag zehn Minuten doppelte Wege – das macht in der Woche 70, im Monat 280 Minuten.

Doch wie schaffen Sie es, nichts zu vergessen? Ganz einfach: Indem Sie es aufschreiben. Dadurch bringen Sie Ihre Erledigungen zudem in eine sinnvolle Reihenfolge und haben den Kopf frei für die wirklich wichtigen Dinge. Es sind nicht die besonders vergesslichen Menschen, die mit Notizen arbeiten, sondern die klugen!

To-do-Liste statt Schnitzeljagd

Was steht heute an? Überlegen Sie sich eine sinnvolle Reihenfolge, zum Beispiel: Auf dem Weg zur Schule beim Schuster vorbei, der schließt um 13 Uhr. Sicher? Kurzer Anruf: »… okay, und die Schuhe sind wirklich fertig?« Dann die Kinder abholen und auf dem Heimweg einkaufen, Leergut abgeben, den Korb damit am besten gleich an die Haustür stellen, und nicht vergessen, die Unterlagen für das Ferienlager bei Conni in den Briefkasten werfen, die wohnt neben der Bank. Also merken: 1. Schuster, 2. Kinder, 3. Einkaufen, 4. Leergut, 5. Conni, 6. Kontoauszüge

Mal ehrlich: Wie oft vergessen Sie bei solchen Schnitzeljagden etwas? Das kostet nicht nur Nerven, sondern auch Zeit – und liegt zu einem Großteil an den kleinen Störungen und Ablenkungen, die uns aus dem Konzept bringen. Vielleicht hat das Telefon geklingelt, als Sie gerade in den Keller wollten, um das Altglas für den Container zu holen – und dann fahren Sie ohne los und bringen sich um das super Gefühl, alles erledigt zu haben. Scheuen Sie sich also nicht, alles, was besorgt und erledigt werden will, auf einer Liste zu notieren. Praktischerweise liegt dazu ein Notizblock mit Stift zu Hause und im Auto parat. So nähern wir uns langsam und mit List dem Thema Listen. Listen schreiben muss nicht trocken sein wie Sandkuchen. Listen können ganz schön fruchten und Tempo machen, weil wir nur einmal nachdenken, was zu tun ist, und nicht immer wieder neu überlegen müssen, was als Nächstes ansteht.

Zeitgewinn im Schlaf

Für alle, die Listen nicht mögen, aber dennoch von den Vorteilen profitieren wollen, ist die Shortlist eine verlockende Alternative. Hier nehmen Sie sich am Ende eines Tages oder ehe Sie das Büro verlassen, kurz Zeit, um den nächsten (Arbeits-)Tag gedanklich vorwegzunehmen. Dabei achten Sie sowohl auf Ihre Gelüste als auch auf Ihren Biorhythmus. Wenn Sie morgens am liebsten als Erstes Ihre Mails checken, machen Sie das. Wenn Sie die erste Stunde lieber in Ruhe und konzentriert arbeiten, tun Sie das. Planen Sie Blöcke für Kleinkram und große Aufgaben ein und seien Sie sich darüber im Klaren, was wichtig ist oder bloß dringend *(siehe Seite 59–62)*. Kleiner Nebeneffekt bei dieser Methode: Die Aufgaben sickern ins Unterbewusstsein und werden über Nacht schon mal durchdacht. Kein Wunder, dass uns am nächsten Tag so manche Lösung förmlich zufliegt. Wir haben ja bereits eine Nacht mit dem Problem verbracht, angenehmerweise ohne es zu merken. Der Schlaf ist wie ein Probedurchlauf.

Alles in einem Aufwasch

Ein weiterer Trick, Zeitfänger auszuschalten und Ihre persönliche Erfolgsbilanz zum Glänzen zu bringen, besteht darin, ähnliche Aufgaben zusammenzufassen und in einem Aufwasch zu erledigen.

Wenn Sie Aufgaben zusammenfassen, entfällt die Zeit für die Vorbereitungen. Der Computer ist eingeschaltet, die entsprechenden Dateien sind offen – oder das Schuhputzzeug liegt bereit. Bleiben Sie dabei! Sie müssen nicht jedes Mal von vorne starten. Auch wenn es nur ein paar Minuten sind – das summiert sich. Gedanklich sind Sie komplett im Spiel. Der Prozess des Hineindenkens entfällt.

Und nicht vergessen: Handeln Sie auch hier nach Ihrer inneren Uhr. Als Lerche erledigen Sie beispielsweise alles, was Konzentration erfordert – also Denkarbeit, E-Mails und wichtige Telefongespräche – am Vormittag. Ein Nachmittagstief nutzen Sie für Routinearbeiten. Nebenbei punkten Sie so mit einem Erfolgserlebnis und guter Laune, weil Sie viel auf einmal wegschaffen.

TELEFONGESPRÄCHE
ELEGANT ABKÜRZEN

1. Geben Sie am Anfang eines Telefonats bekannt, dass Sie nicht allzu viel Zeit für das Gespräch haben.

2. Meiden Sie Wiederholungen: Sehr oft wird während eines Telefonats mehrfach wiederholt, was nun geschehen soll. Unterbrechen Sie diese Schleifen.

3. Beenden Sie das Gespräch trotz der Kürze positiv und freundlich, verabschieden Sie Ihre Gesprächspartner stets so, dass sie mit einem guten Gefühl auflegen.

Aufwasch, die Zweite

Leider ist es manchmal gar nicht so einfach, die Aufwasch-Taktik durchzusetzen. Im Berufsleben wird sie häufig vom Telefon verhindert. Man hat gerade angefangen, sich in einen Vorgang einzulesen, da klingelt das Telefon, und der Chef – »Wir sind schließlich ein Dienstleistungsunternehmen« – möchte, dass jedes Gespräch angenommen wird. Wer ständig gestört wird, fühlt sich gestresst und verliert nicht nur die Lust an der Arbeit, sondern auch Zeit. Wir möchten Dinge abschließen – wenn wir daran gehindert werden, immer wieder von vorne anfangen müssen und ständig unterbrochen werden, macht das auf Dauer unzufrieden und manchmal sogar krank. Versuchen Sie in solchen Fällen störungsfreie Arbeitszeiten zu vereinbaren – vielleicht kann täglich oder wöchentlich rotierend ein Kollege für den Telefondienst eingeteilt werden?

Überprüfen Sie, ob Sie durch Ihr Verhalten andere förmlich dazu auffordern, Sie zu unterbrechen. Offene Bürotüren werden häufig als Einladungen zu einem Schwatz verstanden. Sollte Ihnen die Umstellung von offener auf geschlossene Tür schwerfallen, erklären Sie Ihren Kollegen, dass Sie sich so besser konzentrieren können. Vielleicht führen Sie auch eine Regelung für alle ein – wessen Tür geschlossen ist, möchte nicht gestört werden. Eigentlich selbstverständlich, fördert aber ohne Erklärung oft Getratsche: Was macht die da eigentlich? Oder Sie vereinbaren, dass Sie von 9 bis 11 prinzipiell »keine Sprechstunde« haben, dies kann im Großraumbüro die Tür ersetzen. Wahrscheinlich reagieren einige Ihrer Kollegen erleichtert auf Ihren Vorschlag – Störungen sind ein weitverbreitetes Problem und man möchte ja schließlich pünktlich nach Hause gehen, was durch Unterbrechungen regelmäßig verhindert wird. Im Tippkasten *(siehe Seite 107)* habe ich Ihnen ein paar Hilfsmittel zusammengestellt.

Nicht jeder Mensch reagiert auf Störungen gleichermaßen empfindlich – es liegt auch an der Tagesform, ob Ablenkungen nerven oder willkommen sind. Wenn sie uns bei einer langweiligen Routinetätigkeit überraschen – wunderbar. Aber Achtung: Störungen kommen zuweilen daher wie Süßigkeiten an der Supermarktkasse. Sie verlocken uns – und es ist klüger, sich nicht verführen zu lassen, da wir später dafür zahlen müssen: mit Hüftgold oder Zeitnot.

Private Ruhezeiten respektieren

Leider hören die Störungen im Privatleben nicht auf – manchmal fangen sie dort erst richtig an. Nach einem Arbeitstag möchten wir unsere Freizeit selbstbestimmt genießen – und haben die Rechnung womöglich ohne unsere liebe Familie gemacht, die Weltmeister im Stören ist. Ja, es ist schön, wenn sich was rührt. Aber wenn

STÖRUNG:
NEIN DANKE

○ Hängen Sie ein freundlich formuliertes Schild an Ihre Tür, dessen Text Ihnen entspricht: »Ich nutze meinen Biorhythmus und arbeite zwischen 9 und 11 Uhr am liebsten ohne Unterbrechungen – danke. «, »Als Mann kann ich nicht mehrere Dinge gleichzeitig tun. Jetzt gerade arbeite ich.« – oder »In dringenden Fällen: bitte trotzdem reinkommen.« Wetten, es wird kaum dringende Fälle geben?

○ Gehen Sie selbst mit gutem Beispiel voran. Statt Kollegen zu »überfallen«, können Sie anrufen und fragen, wann sie Zeit haben.

○ Hartnäckige Störenfriede weisen Sie freundlich, aber bestimmt ab. »Ich möchte diesen Vorgang heute noch beenden – ein anderes Mal habe ich bestimmt mehr Zeit.« Und bedanken Sie sich für ihr Verständnis.

○ Small Talk schmal halten: Zeigen Sie sich offen für Small Talk an den »Markplätzen«: Treffen in der Kaffeeküche, im Fahrstuhl usw. Small Talk ist wichtig, da er das Zusammengehörigkeitsgefühl stärkt. Doch Sie müssen ihn nicht über Ihren gesamten Arbeitsalltag verbreiten.

○ Prüfen Sie kritisch, ob bestimmte Aufgaben tatsächlich im persönlichen Gespräch erledigt werden müssen.

○ Frühmorgens, bevor die Kollegen eintreffen, ist eine gute Zeit, um Wichtiges zu erledigen – und dann pünktlich nach Hause zu gehen. Oder später kommen und bleiben, wenn die Kollegen Feierabend machen.

○ Rufumleitung im Telefon aktivieren.

○ Denken Sie beim Beginn eines Termins an sein Ende, indem Sie die vorgesehene Dauer ansprechen. So ufern Termine gegen Schluss nicht in eine private Unterhaltung aus. Mit einer geschickten Einleitung »Wir haben eine gute Stunde Zeit, lassen Sie uns gleich zur Sache kommen«, signalisieren Sie den anderen den »Ernst der Lage«. Kleiner Kunstgriff: Nehmen Sie Ihre Armbanduhr ab und legen Sie sie neben sich, werfen Sie hin und wieder einen Blick darauf.

Mama jetzt endlich wissen will, wer der Mörder ist, nachdem sie zum vierten Mal erfolglos das letzte Kapitel ihres Krimis aufgeschlagen hat, wird die Stimmung explosiv.

Sorgen Sie auch zu Hause für störungsfreie Zonen und Zeiten. Das ist nicht egoistisch, sondern stärkt den Familienfrieden und das harmonische Miteinander. Ständige Unterbrechungen sind zu Hause genauso lästig und nervtötend wie im Büro. Mit einem guten Zeitmanagement flutscht es auch in den eigenen vier Wänden. Sollten Sie ein eigenes Zimmer haben, schließen Sie ruhig die Tür: Mama will ihre Ruhe! Wenn Sie die geschlossene Tür des Kinderzimmers und des Kellers, wo Ihr Mann bastelt, respektieren, wird Ihre Familie auch auf Ihr Bedürfnis nach Ruhe Rücksicht nehmen. Gehen Sie mit gutem Beispiel voran. So kultivieren Sie ein wertschätzendes Miteinander, wie es für Zeitmillionärsfamilien typisch ist.

Keine Sprechstunde

Immer wieder kommt es in Beziehungen zu Unstimmigkeiten, wenn ein Partner viel und der andere weniger redet, was schnell als »zu« viel und »zu« wenig interpretiert oder als Angriff gewertet wird. Manchmal haben wir einfach keine Lust zu reden. Um den Partner nicht zu verunsichern und die Zeit von ausufernden Diskussionen zu sparen, kann ein Symbol (zum Beispiel ein rotes Tuch oder ein Codewort) Abhilfe schaffen, das signalisiert: Ich habe gerade keine Sprechstunde.

K.o. den Konzentrationskillern

Volle Konzentration, das sind immer 100 Prozent, und wenn die erreicht sind, bilden Sie einen Schutzwall, der uns vor Angreifern in Form von Störungen aller Art bewahrt. Deshalb lohnt es, sich die Zeit zu geben, vollständig in einer Aufgabe zu »versinken«. Wir verlieren dann jegliches Zeitgefühl und arbeiten höchst effektiv und effizient. Doch dieses Highlight stellt sich nicht sofort ein. Es kann eine Weile dauern, bis Sie richtig drin sind. Geben Sie sich diese Zeit und nicht so schnell auf, sogar wenn Sie selbst hinter den Störungen stecken sollten: Oft werden wir in unserer Konzentration durch zwanghafte Gedanken gestört. Sorgen, Nöte, was noch zu tun ist schwächen unsere Konzentration. Schreiben Sie solche Störgedanken auf ein Blatt Papier. So haben Sie sie zwischengelagert und können sich konstruktiv dem widmen, was Sie sich vorgenommen haben.

Richtig warten

Jeder Riss im Ablauf ist eine Störung – und Warten kann sich zu einer quälenden Warterei auswachsen. Plötzlich ist der Riss ein Graben, in den das gesamte Zeitmanagement stürzt. Leider gibt es gegen Warten kein Patentrezept, denn manchmal lässt es sich nicht vermeiden. Wir können allerdings verhindern, dass aus einem Riss ein Graben wird, indem wir, wenn Wartezeit ansteht, großzügig puffern *(siehe Seite 38-43)*. Wartezeiten sind entweder:

- kalkulierbar (Arztbesuche, Behördengänge),
- überraschend (Stau, alles Unvorhersehbare),
- überflüssig (»Wo bleibt Sandra!«),
- sinnvoll (»Prima, dass ich alles noch mal überdenken kann!«),
- ein Geschenk (»Plötzlich hatte ich eine Stunde Zeit!«).

Wer gut vorsorgt, hat immer was dabei, um eine Brücke über einen Riss im Ablauf zu bauen, damit er in kein Warteloch fällt. Wie wäre es mit einem Buch, Vokabeltraining, Sudoku oder Kreuzworträtsel

– oder Sachen für Wartezeiten sammeln, die unter die Rubrik »Das mache ich, wenn ich einmal Zeit dafür habe«, fallen: Beim nächsten Mal Warten übertrage ich die neuen Visitenkarten in mein Handy, lese ich die Gebrauchsanweisung meines Fotoapparats. Ein Buch in der Handtasche oder im Auto dient als Überbrückung.

Könner brauchen keine Ablenkung vom Warten, die genießen es, nichts zu tun. Könner sind allerdings selten. Doch wenn wir uns bewusst machen, wie oft wir uns nach freier Zeit sehnen: Welche Zeit kommt dem näher als Wartezeit? So verwandelt sich Wartezeit von einem ärgerlichen Muss zu willkommener Muße. Wie der englische Dramatiker William Somerset Maugham schrieb: »In jeder Minute, die man mit Ärger verbringt, versäumt man sechzig glückliche Sekunden.«

Oft müssen wir warten, weil alle anderen zur selben Zeit dieselben Ideen haben wie wir. Versuchen Sie Ihre Besorgungen antizyklisch zu erledigen. Vielleicht können Sie am frühen Nachmittag einkaufen und bleiben dafür eine halbe Stunde länger im Büro – womit Sie sich eine halbe Stunde sparen, weil dieselben Einkäufe abends doppelt so lange dauern.

Blöderweise wollen abends alle zur gleichen Zeit nach Hause und es gibt Menschen, die reagieren allergisch auf rote Ampeln, aus denen die Stadt im Feierabendverkehr zu bestehen scheint. Dabei sind rote Ampeln eine erstklassige Gelegenheit für fünf italienische Vokabeln, Beckenbodentraining oder Lachyoga.

Zuspätkommern zuvorkommen

»Du kommst immer zu spät!« Wer diesen Satz zur Begrüßung sagt, hat schon viel ausgehalten. Leider bessern sich chronische Zuspätkommer nicht, auch wenn sie es immer wieder versprechen. Sie verspäten sich nie aus böser Absicht, sondern weil sie sich ablenken lassen, überschätzen, zu viel auf einmal anfangen und gar nichts dafür können: es sind die Umstände, jedes Mal andere. Kluge Zeitmillionäre bleiben trotzdem mit diesen liebenswerten Chaoten befreundet: Sie stellen sich auf Wartezeit ein und haben Proviant dabei oder sie nehmen es selbst nicht so genau und üben sich in Unpünktlichkeit. Pädagogisch Interessierte versuchen vielleicht die anderen zur Pünktlichkeit zu erziehen. Das ist nur in seltenen Fällen von Erfolg gekrönt und kann jahrelanges Training bedeuten. Moralische Aspekte beschleunigen allerdings manchmal: »Unpünktlichkeit ist unhöflich, da sie signalisiert: Du bist mir nicht wichtig, etwas anderes war mir wichtiger.« Auch ein Grundsatzgespräch kann Abhilfe schaffen: »Was genau bedeutet Pünktlichkeit für dich?« In manchen Familien wurde die »akademische Viertelstunde« mit der Muttermilch aufgesogen und gilt sogar als überpünktlich! Wenn Sie sich mehr ärgern als über ein Treffen mit zu erwartender Wartezeit freuen, hilft vielleicht Folgendes:

- Bestätigen Sie den Termin am Tag zuvor schriftlich.
- Rufen Sie an, wenn Sie losgehen: »Ich bin jetzt unterwegs!«
- Kündigen Sie an, wie lang Sie maximal warten werden.
- Gehen Sie nach einer angemessenen Wartezeit nach Hause.
- Erkundigen Sie sich, nach welchem internationalen Höflichkeitsstandard Ihr Gegenüber den Termin wahrzunehmen gedenkt: deutsche Pünktlichkeit? Südamerikanische Lockerheit? Bayerische Gelassenheit: »Schau ma moi?« Oder wird es dem Himmel überlassen: »Inshallah« (so Gott will).

Wie Sie Ihre eigene Unpünktlichkeit austricksen

Wenn der Schwarze Peter bei Ihnen selbst liegt, wissen Sie, dass Zuspätkommen keine böse Absicht ist, sondern durch eine Verkettung tragischer Umstände passiert. Häufig verketten sich dieselben Glieder und hier können Sie ansetzen:

- Bitten Sie die Person, mit der Sie verabredet sind, Sie kurz vorher anzurufen und machen Sie sich dann sofort auf den Weg. Sofort! Nicht wenn Sie noch schnell mal eben vorher Ihre Mails gecheckt haben.
- Wenn Ihnen das peinlich ist: Stellen Sie einen Wecker und gehen Sie beim Klingeln sofort los.
- Tragen Sie den Termin eine Viertel- oder halbe Stunde früher in Ihren Kalender ein und vergessen Sie das.
- Entschuldigen Sie sich, wenn Sie es trotzdem nicht geschafft haben. Versichern Sie dem Betreffenden, dass Sie auf dem Weg der Besserung sind und Ihnen dieser Termin wichtig ist.

Hölzchen auf Stöckchen

Kennen Sie das auch: Eigentlich wollten Sie bloß kurz nach dieser interessanten Frau aus der Talkshow googeln. Drei Stunden später hängen Sie noch immer im Netz. Die Zeitfänger reiben sich die Hände. Wer vom Hundertsten ins Tausendste kommt, macht sie glücklich – und sich selbst unglücklich. Verzetteln fängt meist vielversprechend an und endet in der Katastrophe. Man will nur mal eben noch dies und das – und was bleibt: Nichts gewesen außer Spesen und einem dicken Zeitloch. Verzetteln ist unproduktiv und schenkt keine guten Gefühle, weil letztlich nichts dabei rausspringt – auch wenn es so toll anfängt. Spontane, begeisterungsfähige Menschen verzetteln sich gern. Gerade für sie ist es wichtig, ihr Ziel im Auge zu behalten. Lieber zielorientiert arbeiten und später spontan spielen!

WELLNESS
FÜR IHRE WOHNUNG

Wenn – im übertragenen Sinne – zu viele Zettel herumfliegen, planen Sie einen Wellnesstag für Ihre Wohnung und erledigen Sie alles, was seit Ewigkeiten ansteht. Günstig für so einen Termin: Kinder zu den Großeltern. Partner auch, wenn er nur im Weg rumsteht. Wenn er zu gebrauchen ist, delegieren Sie Sonderaufgaben an ihn: die Flaschen, das Altpapier, der Keller, die Garage – die üblichen Männerreviere. Am Abend dieses Tages haben Sie wahnsinnig viel geschafft und können sich den nächsten Tag Ihrer persönlichen Wellness widmen. Die lieben Kleinen können ruhig übers Wochenende bei den Großeltern bleiben. Das tut Mami und Papi auch mal gut!

Erste Hilfe bei Verzettelung

Stellen Sie sich vor: Noch drei Stunden und Sie haben ein wichtiges Projekt abgeschlossen. Dann könnten Sie zum Sport und der Tag wäre ein voller Erfolg. Aber Sie sind irgendwie abgelenkt. Was tun?

Denken Sie an das Parkinsonsche Gesetz *(siehe Seite 40)* und legen Sie fest, wie viel Zeit Sie für bestimmte Tätigkeiten einplanen. So können Sie sich gar keine Verzettelung leisten, da diese Sie auf eine Nebenstrecke führen würde. Stellen Sie außerdem einen Wecker, um das Zeitlimit einzuhalten – am besten einen, der laut tickt, sodass Sie nicht vergessen: die Zeit läuft.

Wenn die Verlockung zu groß wird, mal schnell nach links oder rechts zu verzetteln, notieren Sie die Gedanken, die Ihnen gerade durch den Kopf schießen, und sie ablenken. Diese können Sie später verfolgen. Jetzt bleiben Sie auf Ihrer Stammstrecke. Und nicht vergessen: Wenn Sie Ihr Ziel auf direktem Weg erreicht haben, ist eine Belohnung fällig.

Zettelwirtschaft

Wer ordentlich aufschreibt, was er erledigen möchte, macht zwar viel richtig – doch noch nicht alles, denn viele Zettel münden in einer Zettelwirtschaft und die gehört zur Familie der Verzettelei. Zwei Möglichkeiten, ihr zu entkommen:

1. Schreiben Sie nichts auf Zettel, sondern in Notizbücher. Die sind ohnehin meist hübscher.
2. Wenn Sie trotzdem mal etwas auf einem Zettel notieren: Bevorzugen Sie klebende Zettel, damit Sie diese später unkompliziert in Ihr Notizbuch heften können – so sparen Sie die Zeit für doppeltes Schreiben.

Wo war ich stehengeblieben?

Kochen, nebenbei telefonieren und fernsehen – für viele Frauen kein Problem. Wenn allerdings noch die Hausaufgaben der Kinder beaufsichtigt werden müssen und fünf plus acht siebzehn ergibt, dann schlägt es dreizehn.

Multitasking: Ja! So lange es sich dabei um Dinge dreht, die wenig Konzentration erfordern und Flüchtigkeitsfehler verzeihen. Doch wenn es sich um wichtige Tätigkeiten handelt, die hohe Konzentration erfordern, schlägt Multitasking nicht auf der Haben-, sondern der Sollseite zu Buche. Wer seine Mails checkt, während er ein wichtiges Telefonat führt, wird sich die Mails später noch mal durchlesen müssen und das Telefonat vielleicht nicht so eloquent meistern. Der Gesprächspartner am anderen Ende merkt, dass er keine ungeteilte Aufmerksamkeit genießt. Das kann zu Missverständnissen führen, die es wiedergutzumachen gilt – was viel Zeit in Anspruch nehmen kann. Mehrere Dinge nebeneinander zu erledigen kann Zeit sparen. Während eines Plaudertelefonats mit einer Freundin die Wäsche zusammenlegen – macht nichts, wenn ein paar Herrensocken bei der Damenunterwäsche landen. Herrn Meier am Telefon mit Herrn Huber von der Mail zu verwechseln, kann kosten- und zeitintensive Folgen haben.

Der Wissenschaftsautor Stefan Klein empfiehlt in der Zeitschrift *Brigitte,* bei einer Sache zu bleiben, wenn wir Zeit sparen wollen. Warum das mit dem Multitasking nicht funktioniert, begründet er so: »Weil wir für alles, was wir bewusst tun, unser Arbeitsgedächtnis brauchen, dort werden die Informationen, die wir jetzt gerade brauchen, zwischengespeichert. Die Aufnahmefähigkeit dieses Speichers ist aber sehr gering. Wir können uns zwar unterhalten und Auto fahren, weil wir das automatisch tun. Aber wir können nicht telefonieren und gleichzeitig eine E-Mail schreiben, das ist nur eine Illusion. Tatsächlich kratzen wir uns Informationen, die wir für das Gespräch brauchen, aus anderen Hirnregionen und laden sie in unseren Arbeitsspeicher, dann schreiben wir an unserer E-Mail und die Info fliegt zugunsten einer neuen Info, die wir jetzt für die Mail brauchen, wieder raus. Immer hin und her, das kostet Zeit. Darum brauchen wir so für beide Aufgaben mehr Zeit, als wenn wir sie nacheinander bearbeiten würden, und wir machen mehr Fehler. Nicht mal Ihr Computer kann zwei Programme gleichzeitig erledigen. Er tut nur so, innerhalb einer Sekunde schaltet er tausendfach hin und her. Wir versuchen, Zeit zu gewinnen, verlieren aber tatsächlich das Gefühl für die Zeit und die Kontrolle über unsere Zeit.«

Infomanie

Psychologen sprechen bei dem Drang, sich ständig auf dem Laufenden zu halten, von Suchtverhalten. Zeitfänger freuen sich diebisch über die dicken Fische, die ihnen dank der technischen Möglichkeiten ins Netz gehen. Um festzustellen, ob Sie gefährdet sind, beantworten Sie folgende Fragen: Wie viel Zeit verbringen Sie abseits beruflicher Tätigkeiten am Computer? Fehlt Ihnen diese Zeit in anderen Bereichen? Wenn ja: Möchten Sie reduzieren? Wenn ja: Besorgen Sie sich einen Oma-Wecker und fangen Sie an! Klappt nicht? Schließen Sie sich Gleichgesinnten an. Im Netz finden Sie unter den Stichworten Onlinesucht und Internetabhängigkeit Adressen von Netzflüchtlingen und Tipps, wie Sie den world wide wildernden Zeitfängern entkommen.

Viele Menschen klagen über die tägliche E-Mail-Flut, und manchem ist der Urlaub vergällt, wenn er an die überquellende Mailbox denkt, die ihn bei seiner Rückkehr erwartet. Dabei ist nur ein Bruchteil wirklich wichtig – doch den muss man erst mal finden. Wir sind der E-Mail-Flut nicht hilflos ausgeliefert, wir können uns ein Floß bauen und oben schwimmen! Ein herkömmlicher Briefkasten wird mit einem Schlüssel gesichert. Versehen Sie auch Ihren E-Mail-Eingang mit einem Schlüssel *(siehe Seite 117)*.

Buchstabenflut

Zeitungen und Zeitschriften sind seit jeher ein gefundenes Fressen für Zeitfänger. Wie viele Stunden lassen sich auf diese Weise stehlen? Nicht, dass Zeitunglesen keinen Spaß machen würde – doch mal ehrlich: Ist es nicht manchmal ganz schön stressig, wenn man meint, es dürfe einem nichts entgehen? Können Sie sich nach der Lektüre noch an einen Großteil dessen erinnern, was Sie gelesen

DER GOLDENE SCHLÜSSEL
ZU IHREM MAILKASTEN

○ Verbieten Sie Ihrem Mailprogramm bei Ihnen zu klingeln, zu piepsen oder zu blubbern, wenn neue Nachrichten eintreffen. Sie kucken, wann Sie möchten, nicht wenn der Postmann dreimal klingelt. Wenn etwas dringend ist, wird angerufen. Wenn es bei Ihnen brennt, schickt die Feuerwehr ja auch keine E-Mail, bevor sie zum Löschen ausrückt.

○ Legen Sie selbst die Zeiten fest, wann Sie Ihre Mailbox leeren möchten.

○ Beantworten Sie Mails am besten en bloc, also in einem Aufwasch.

○ Sollte Ihnen beim Lesen gleich eine Antwort einfallen: Antworten Sie sofort! Das ist ja der Sinn des Mailens: Anfragen schnell erledigen.

○ Machen Sie keine Bewerbung für ein Literaturstipendium aus Ihren Texten. Knapp, freundlich, informativ klingt der elektronische Sound.

○ Beschäftigen Sie sich, wenn möglich, nur einmal mit einer Mail. Sollten Sie zu deren Beantwortung Informationen einholen müssen, schieben Sie die Mail in einen Noch-zu-Erledigen-Ordner oder drucken Sie sie aus und legen Sie in Ihre Wiedervorlage.

○ Missbrauchen Sie den Ordner »Posteingang« nicht als Sammelbehältnis. Besser legen Sie die Mails in Projektordnern ab – oder wie auch immer es in Ihr System passt.

○ Vorsortieren: in der Betreffzeile machen Sie bereits klar, worum es geht. Wählen Sie firmeninterne Abkürzungen, die auf den ersten Blick verstanden werden, etwa E für eilig. NZI für Nur zur Information.

○ Gewöhnen Sie sich ab, alle in cc zu setzen; mit dieser Rundumabsicherung verärgern Sie Kollegen, wie auch Sie bestimmt hin und wieder verärgert sind, wenn Ihr Posteingang überquillt mit Vorgängen, die, wenn überhaupt, nur am Rande mit Ihren Projekten zu tun haben.

○ Rundmails: Senden Sie keine weiter und bitten Sie die üblichen Verdächtigen, Sie davon zu verschonen.

ZEIT GEWINNEN DURCH
SPEED READING

Oft scheinen Zeitfänger ihre Netze hinter Buchstaben aufzuspannen und Fallgruben zwischen Zeilen auszuheben. Wir sollten ein Protokoll lesen, machen das auch, und die Gedanken schweifen ab und wir lesen ein zweites und drittes Mal und haben noch immer keine Ahnung, was wir jetzt erfahren haben sollen. Für alle, die beruflich viel lesen müssen, lohnt sich eine Steigerung des Lesetempos und Textverständnisses. Nein, das ist nicht angeboren, es kann trainiert werden – Stichwort Speed Reading (siehe Literaturliste im Anhang).

haben? Nein? Warum lesen Sie dann überhaupt? Könnte es sein, dass Sie nur lesen, weil Sie die Zeitung nun mal abonniert haben und das soll ja nicht umsonst gewesen sein?

Viele Menschen lesen lediglich für das gute Gewissen und die Illusion, über alles im Bilde zu sein. Das können Sie ohnehin nicht! Also lieber mal überlegen, wie wichtig welche Informationen sind und klug auswählen. Heben Sie Zeitungen keinesfalls auf, um sie irgendwann zu lesen. Besser ist es, interessante Artikel auszuschneiden. In Büchern können Sie Seiten mit Post-its markieren, wenn Sie nicht unterstreichen möchten. So treffen Sie eine Vorauswahl – und wenn Sie sich dann am Wochenende eine Stunde diesen Informationen widmen, haben Sie wirklich was davon. Danach genießen Sie das wunderbare Gefühl, praktisch auf Null zu stehen. Keine Angst: Sie versäumen nichts. Den wirklich entscheidenden Dingen entkommt niemand. Zudem wäre es schlichtweg größenwahnsinnig, Wissen kontrollieren zu wollen. In der Informationsflut geht es darum, den Kopf über Wasser zu halten. Hilfreich dabei: Newsletter und Abonnements zu kündigen, die Sie mehr Zeit kosten, als Nutzen und Vergnügen zu bringen.

Der fiese Fernseher

Rechnen Sie Ihren Fernsehkonsum einmal hoch: Wenn Sie pro Tag eine Stunde Fernsehen einsparen, haben Sie im Jahr 365 Stunden, das sind 15 Tage, mit Schlaf sogar 30 Tage gewonnen. Ein ganzer Monat Fernsehurlaub. Hilfe! Was tun! Ja, was? Auf jeden Fall nie mehr über zu wenig Zeit klagen. Denn sie ist ja da. Sollten Sie zwei Stunden Fernsehen pro Tag einsparen, haben Sie schon 30 beziehungsweise 60 Tage gewonnen!!! Da fällt ja ein richtiges Hobby dabei ab oder neue Freundschaften und vielleicht schon den zweiten Spanischkurs zusätzlich zu Tango Argentino gebucht? Keine Millionärin würde es gestatten, dass ihr so viel Zeit geklaut wird!

TIPP

AUSSCHALTKNOPF BEI
FERNSEHSUCHT

- ○ Schauen Sie nur die Sendungen an, die Sie wirklich sehen wollen.
- ○ Markieren Sie im Fernsehprogramm Ihre Highlights. Sollten Sie ein Fernsehlimit festlegen – etwa 14 Stunden pro Woche –, können Sie so gut im Auge behalten, es nicht zu überschreiten. Sehen Sie strikt nur das, was Sie sehen wollen. Schalten Sie den Apparat danach aus.
- ○ Legen Sie die Fernbedienung außer Reichweite, so sind Sie nicht in Versuchung, noch mal kurz einzuschalten – Sie könnten ja was verpassen. Nein, können Sie nicht. Nur Ihre Zeit.

Nichts ist gegen Fernsehen einzuwenden – wenn wir es klug dosieren. Doch viel zu oft bleibt man an den raffiniert aufgemachten Zeitfängern kleben. Und alles, was wir tun wollten, bleibt liegen. Doch nicht nur das: Manchmal erlahmt auch unser eigenes Leben, denn beim Fernsehen verbringen wir unsere Zeit nicht aktiv, sondern passiv. Zeitmillionäre legen ihre Zeit nicht in Fernsehsekunden an, denn dieses Kapital arbeitet nicht für, sondern gegen uns – oder wie würden Sie es nennen, wenn Sie am nächsten Tag Mühe haben, sich daran zu erinnern, was Sie am Abend zuvor gemacht – also gesehen – haben.

»Es ist nicht wenig Zeit, die wir haben, sondern es ist viel Zeit, die wir nicht nutzen«, wusste schon Seneca, obwohl es im alten Rom noch gar kein Privatfernsehen gab, nur Gladiatoren im Kolosseum.

Viele Menschen glauben, sie würden gar nicht viel fernsehen – bis sie ihren Konsum einmal genauer betrachten, was meistens zu Überraschungen führt. Da werden zehn Wochenstunden schnell zu fünfundzwanzig. Fünfundzwanzig Stunden Zeit! Was könnte man damit alles machen! Mit den Kindern spielen, lesen, einen Volkshochschulkurs besuchen, spazieren oder früher ins Bett gehen, kuscheln, sich unterhalten, Freunde treffen, Sport treiben ...

Entlarven Sie Ihre Fernsehrituale. Nur mal eben schnell die Nachrichten kucken – drei Stunden und zehn Morde später: Was, schon gleich Mitternacht! Lassen Sie keine Fremdbestimmung einreißen, sehen Sie weitsichtig und mit Köpfchen fern.

Wer an die ständige Berieselung des Fernsehens gewöhnt ist, braucht eine Entwöhnung in Mainzelmännchen-Schritten. Nicht von heute auf morgen den Kasten in den Keller verbannen: Versuchen Sie es mit einem fernsehfreien Abend pro Woche. Fernsehen kann eine Sucht sein. Doch wenn Sie wieder die Chefin sind, nicht der Apparat mit seinen falschen Versprechungen, werden Sie Ihre gewonnene Zeit genießen. Es handelt sich dabei schlicht und ergreifend um die Frage, ob Sie selbst Ihr Leben leben oder das von Leuten, die Sie gar nicht kennen.

Jammern ist unsexy

Kennen Sie das? Sie haben einen Mädelsabend mit Ihrer besten Freundin verbracht – doch wenn Sie genau darüber nachdenken, wurde eigentlich nur gejammert. Nun, hin und wieder ist Jammern ganz ok, es tröstet. Doch es gibt auch eine Jammerschleife und die ist pure Zeitverschwendung. Wer überall nur Probleme sieht, stellt gern die Schuldfrage. »Wenn dieses nicht gewesen wäre, dann hätte ich bestimmt ...«, »Ohne jenes wäre alles ganz anders gelaufen.«

Nur wer die Lösung in den Vordergrund rückt, findet den Ausgang. Auf den Punkt gebracht geht es um die Frage, ob Sie in Ihrem Leben die Probleme oder die Lösungen in den Fokus stellen.

Probleme wälzen und Zeit gewinnen

Nutzen Sie die wertvollen Ressourcen Ihrer Freundschaften dazu, neue Sichtweisen auf Ihre Probleme zu gewinnen – und damit Lösungen einzuladen. Fordern Sie Ihre Freunde ruhig auf, Ihnen kritisch ihre Meinung zu sagen, denn dazu sind Freunde da. Fragen Sie »Was übersehe ich?« und betrachten Sie Ihr Problem mit anderen Augen. Wahre Freunde sagen die Wahrheit – und bringen sie uns schonend bei.

Ja, Jammern macht Spaß. Aber man muss es ja nicht den ganzen Abend tun, oder? Und wenn Sie auf Menschen treffen, die ständig nur jammern, dann gehören die vielleicht zu den Zeiträubern *(siehe Seite 135–144)*, doch dazu kommen wir noch, das wird nur kurz verschoben, keinesfalls aufgeschoben. Bis dahin sparen wir mit vier Fragen Zeit:

1. Was ist das Problem? (Ärger mit der Freundin)
2. Was ist die Ursache? (Fehler meinerseits, Gezicke ihrerseits)
3. Was sind die möglichen Lösungen? (Entschuldigung und Einladung zum Essen, den Kontakt abbrechen …)
4. Was ist die beste Lösung? (Anrufen und entschuldigen)

AUFSCHIEBERITIS:
PRO – WAS?

In letzter Zeit ist das Wort Prokrastination in Mode gekommen. Es bedeutet Aufschieberitis, wie zu erfahren ist, wenn man im Fremdwörterbuch nachschlägt. Anhänger der Aufschieberitis sind ein herausragend gewitztes und erfindungsreiches Völkchen – manche bewusst und bekennend, andere verschämt und widerwillig – und das ziemlich hartnäckig, glaubt man Peter Ustinov: »Die Men-

TÄGLICH
DREI »GOLDENE NÜSSE« KNACKEN

Die Zeitmanagerin Cordula Nussbaum empfiehlt täglich drei »goldene Nüsse« zu knacken. Das ist die beste Therapie bei Aufschieberitis. Beginnen Sie den Tag dazu folgendermaßen:

1. goldene Nuss
Packen Sie eine Aufgabe an, die Sie Ihren beruflichen oder persönlichen Zielen näher bringt.

2. goldene Nuss
Überwinden Sie sich und stellen Sie sich einer Aufgabe, die Sie ekelhaft unangenehm finden.

3. goldene Nuss
Nehmen Sie sich einer Sache an, die Sie schon lange vor sich herschieben.

Wenn Sie morgens schon drei Nüsse geknackt haben, schenkt Ihnen das Power für den ganzen Tag. Sie können stolz auf sich sein, und das beflügelt Sie, sodass zum Aufschieben nichts übrig bleibt. Höchstens das Aufschieben.

schen, die etwas von heute auf morgen verschieben, sind dieselben, die es bereits von gestern auf heute verschoben haben.«

Zuerst die gute Nachricht: Aufschieben ist grundsätzlich positiv. Der Mensch besitzt die Fähigkeit, um eines späteren Vorteils willen auf den kurzfristigen Genuss zu verzichten. Ich gebe den Euro nicht gleich aus, sondern warte, bis ich zwei habe. Ich esse den Kuchen nicht sofort, sondern gedulde mich, bis die Sahne steif geschlagen ist.

INFO

DIE HÄUFIGSTEN URSACHEN
VON AUFSCHIEBERITIS

- Wir haben einfach keine Lust, uns jetzt mit dieser Sache zu beschäftigen.
- Es fehlt die Zuversicht, dass wir das, was wir tun sollen, zu unserer Zufriedenheit und der anderer erledigen werden.
- Resignation: »Merkt ja eh kein Schwein, dass ich die Fenster geputzt habe, da kann ich es auch bleiben lassen.«
- Angst zu versagen, aber auch Angst vor Erfolg
- Organisationsprobleme und ungenaue Prioritätensetzung
- Hang zum Perfektionismus
- Probleme beim Einschätzen des Zeitaufwands
- Mangelnde Sorgfalt, aber auch Impulsivität

Nun zur schlechten Nachricht: Aufschieben kann zur Gewohnheit werden und auf einmal wird alles aufgeschoben, nun ja vieles: vor allem die unangenehmen Dinge wie zum Beispiel die Steuererklärung, ein Konfliktgespräch, Fensterputzen. Das Problem ist, dass all diese Dinge durch Liegenlassen nicht sympathischer werden, ganz im Gegenteil. Sie modern vor sich hin und man möchte immer weniger mit ihnen zu tun haben. So verwandelt sich die kleine Unannehmlichkeit zu einem größeren Problem.

Abwarten und Tee trinken?

Manche Menschen sind davon überzeugt, dass sich viele Dinge irgendwann von selbst erledigen, weshalb sich Abwarten und Tee trinken lohne – kultiviertes Aufschieben sozusagen. Das ist im

Prinzip richtig. Allerdings können wir nicht darauf zählen, dass sich die Dinge so zu unseren Gunsten regeln. Es kommt vor – aber wir können uns nicht darauf verlassen.

Verdrängungskünstlern gelingt es, das Aufgeschobene erfolgreich zu vergessen. Doch die meisten Menschen erinnern sich ständig daran, was sie eigentlich tun sollten. Wie viele Sonntagsausflüge finden unter der schwarzen Wolke der Steuererklärung statt. Die liegt zu Hause auf dem Schreibtisch und begleitet einen trotzdem wie eine Gewitterfront. Hätte man sie am Samstag gemacht, wäre der Sonntagsausflug heiterer verlaufen. Doch aufgeschoben ist nicht aufgehoben, im Gegenteil. Aus der Mücke wird ein Elefant.

Verschieben statt aufschieben

Wenn Sie etwas aufschieben, schieben Sie es so lange auf der langen Bank, bis das Teil irgendwann runterfällt. Da müssen Sie sich schon mal bücken. Das kostet Zeit. Vielleicht ist aus der kleinen Sache, die von der Bank gefallen ist, mittlerweile ein dicker Brocken geworden. Den kriegen Sie allein gar nicht hoch. Sie brauchen Hilfe. Kostet noch mal Zeit. Eventuell müssen Sie einen Kran organisieren. Aber heute ist Samstag. Also bleibt der Brocken liegen und wird im Lauf der Eiszeit – genau da liegt er, auf Eis – zu einem Eisberg. Damit haben Sie es nicht einfacher, denn ganze Berge können nicht mal eben mit Kränen befördert werden. Ihr Problem kostet immer mehr Zeit. Wenn Sie schon gern schieben, dann schieben Sie nicht *auf*, sondern *ver*. Das Problem also lieber verschieben auf einen Termin als aufschieben ins Nirgendwo. Wer aufschiebt, entscheidet nicht. Wer verschiebt, trifft eine klare Entscheidung, hat die Dinge selbst in der Hand.

Schauen Sie sich die Dinge, die Sie gern aufschieben, genau an. Vielleicht finden Sie eine Gemeinsamkeit. Sind es Vorgänge, die mit Papierkram oder Behörden zu tun haben oder handwerkliche Sachen? Oder haben Sie mit bestimmten Menschen zu tun, denen Sie lieber aus dem Weg gehen, oder mit bestimmten Gefühlen? Versuchen Sie herauszufinden, was genau dahintersteckt, dann können Sie solche Aufgaben besser anpacken – zum Beispiel, indem Sie sie frühzeitig an andere delegieren *(siehe Seite 161–165)*!

Zeit für unschöne Dinge

Oft wünschen wir uns mehr Zeit für die wirklich schönen Dinge. Wie wäre es, zuerst Zeit für unschöne Dinge zu planen? Dann ist der Weg frei für die angenehmen Seiten des Lebens! Planen Sie jeden Tag eine gewisse Zeit für die Sachen ein, die Sie am liebsten aufschieben würden. Das kann ein unangenehmer Anruf, die Ablage oder Aufräumen sein. Fassen Sie diese Aufgaben in einer Liste zusammen. Streichen Sie jeden Tag mindestens einen Punkt von dieser Liste. Das fühlt sich gut an! Und es fühlt sich gleich noch besser an, wenn diese Liste auch noch eine zweite Spalte hat: Da schreiben Sie die schönen Dinge auf, die Sie schon lange tun wollten, zu denen Sie bisher aber nie gekommen sind. Das ändert sich ab sofort. Zum Beispiel im Internet eine Ferienwohnung für den Urlaub suchen oder Schaumbad mit Krimi. Na! Geht doch!

Aufschieber-Ausreden und was dagegen hilft

Gründe, um etwas aufzuschieben, gibt es viele. Die Zeitmanagementexpertin Cordula Nussbaum entlarvt sechs verschiedene Typen: Die Perfektionistin *(siehe Seite 130–135)* schiebt auf nach dem Motto »entweder richtig oder gar nicht«. Hier hilft mit kleinen Schritten in Etappen zum Ziel zu kommen. »Unter Druck arbeite ich am besten«, sagt der Last-Minute-Worker und macht erst mal gar nichts. Kein Problem: Den Abgabetermin oder den Besuch bei der Schwieger-

ERSTE HILFE BEI DROHENDER
VERTAGUNG INS IRGENDWANN

Für Sportvertager

Bei Menschen, die regelmäßig Sport treiben, steigt der Spiegel des Hormons Beta-Endorphin im Blut an, das zufrieden und glücklich macht. Der Effekt: Gut gelaunt flutscht es besser. Und wo es flutscht, wird nicht aufgeschoben, sondern durchgewinkt.

Für Zögerer

Nutzen Sie jeden spontanen Impuls, eine Sache zu erledigen. Wenn Ihnen die Antwort auf eine Mail auf der Zunge liegt: Schicken Sie sie an Ihre Finger und weiter zum Empfänger. So bewahren Sie sich vor unerledigten Poststapeln, in denen sehr viel Zeit gefangen gehalten wird. Alles, was älter ist als ein Jahr: weg damit. So wichtig kann die Sache nicht sein.

Für Leeres-Blatt-Phobiker

Sollten Sie Probleme haben, Schriftliches zu verfassen: Öffnen Sie im Computer ein Dokument mit ähnlichem Inhalt und fangen Sie an drüberzuschreiben. Bei Problemen mit dem ersten Satz: Fangen Sie mit dem zweiten oder dritten an. Es soll Schriftsteller geben, die den Anfang prinzipiell wegwerfen. Der Anfang ist bloß ein Stretching, eine Fingerübung.

mutter gedanklich vorverlegen. »Vielleicht ist das nicht das Richtige für mich«, zaudert der Grübler und fängt gar nicht erst an. Besserung: Man weiß nie, was kommt, und kann sich nicht absichern, also Augen zu und erst mal anfangen. Dann Augen auf und weitersehen. »Das mache ich mit links«, behauptet der Überflieger und fängt

deshalb zu spät oder mit allem gleichzeitig an und hat dann plötzlich keine Lust mehr. Hier hilft das Motto »erst die Arbeit, dann das
Vergnügen.« Also erst Schritt für Schritt die Aufgaben erledigen und
nach jedem Erfolg belohnen. »Warum ausgerechnet ich?«, fragt der
Verweigerer und tut gar nichts. Konzentrieren Sie sich als Verweigerer nicht auf die Arbeit, die vor Ihnen liegt, sondern auf den Nutzen,
den sie Ihnen bringt. »Das muss unbedingt heute noch erledigt
werden«, befiehlt der Kümmerer sich selbst und so bleibt allerhand
Wichtigeres liegen. Besserung: Setzen Sie Prioritäten und beschäftigen Sie sich mit den wirklich wichtigen Dingen *(siehe Seite 59–62)*.

Schönfärberei macht bunt

Der gute Vorsatz ist gefasst. Es kann sofort losgehen mit dem Sport,
mit der gesunden Ernährung, mit dem Renovieren der Wohnung.
Aber jetzt ist es so warm. Lieber morgen. Nein, nächste Woche. Der
Feind schlägt wieder zu – aber es gibt eine Wunderwaffe, nämlich
die Umprogrammierung unseres emotionalen Gehirns.

Der Kognitionsforscher George Lakoff rät dazu, die neuen Ideen und Informationen, die unseren Vorsätzen zugrunde liegen, in die bereits vorhandenen neuronalen Verknüpfungen einzupassen. Das ist die Voraussetzung dafür, dass sie akzeptiert und wirksam werden. Also bauen Sie Ihre guten Vorsätze in eine motivierende, emotional positive Geschichte ein, die mit Ihren vorhandenen Selbstbildern und Erfahrungen zusammenpasst. Sie lieben Hunde? Sehen Sie sich selbst fröhlich an zwei spielenden Hunden vorbeijoggen, Sie halten kurz an, streicheln die beiden, laufen weiter.

Mit einer möglichst bildhaften Vorstellung von sich selbst in einer besseren Zukunft lässt sich die Aufschieberitis tatsächlich überlisten – vor allem, wenn Sie dies mit den folgenden sechs Schritten verbinden. Beginnen Sie zunächst mit einem Schritt pro Tag:

1. Listen Sie die Vorteile auf, die es Ihnen bringt, eine bestimmte Aufgabe zu erledigen.
2. Zerlegen Sie diese Aufgabe in kleine Teilschritte, die Sie in kurzer Zeit erledigen können – maximal eine Viertelstunde sollte ein Teilschritt dauern.
3. Legen Sie Termine fest, wann Sie welchen Teilschritt bewältigen.
4. Erzählen Sie Ihren Mitmenschen, was Sie vorhaben, was Sie tun werden, wann und wie.
5. Denken Sie sich eine schöne Belohnung aus, die Sie sich gönnen, wenn Sie Ihr Ziel erreicht haben.
6. Und jetzt legen Sie los …

… und erreichen Ihr Ziel zu dem von Ihnen bestimmten Zeitpunkt. Von einem Perfektionsanspruch lassen Sie sich kein Bein stellen – denn Sie wissen, dass der Perfektionismus ein wesentlicher Impulsgeber für die Aufschieberitis ist.

PERFEKT: NOBODY IS
– ICH SCHON!

Kein Mensch ist perfekt, stimmt! Obwohl Perfektion manchmal wünschenswert ist. Bei einem Chirurgen zum Beispiel. Doch Chirurgen gibt es relativ wenige – im Vergleich zu Perfektionisten, die in jeder Sparte zu finden sind. Das Problem: Perfektionisten gelangen nur selten ans Ziel, weil es meist unerreichbar hoch hängt. Prädikate wie »gut«, »bestens« oder »super« genügen ihnen nicht. Nun die gute – oder schlechte Nachricht: Es findet sich immer irgendetwas, das besser gemacht werden könnte, und selbst wenn ein Zustand der Perfektion erreicht ist, hält er nur kurz an: Schon fällt ein Blatt vom Baum in den frisch gerechten Rasen.

Auch als Menschen sind wir nicht perfekt, und wer das dennoch anstrebt, wirkt leider nicht toll, sondern fast ein wenig unsympathisch – und langweilig. Die Wohnung wie aus dem Möbelkatalog, die faltenfreie Garderobe, das tadellose Make-up, der einstudierte Vortrag – nun, das mag alles perfekt sein, aber mitreißend und liebenswert ist es kaum. Als Perfektionisten werden wir übrigens nicht geboren. Eine Ursache könnte eine übersteigerte Erwartungshaltung von Bezugspersonen in unserer Kindheit sein, die das Gefühl vermittelten, Liebe müsse durch Leistung und Fehlerlosigkeit verdient werden. Überlegen Sie mal, was Sie an anderen Menschen anzieht. Vielleicht kommen Sie zu dem Schluss, dass es gerade die Dinge sind, die nicht so perfekt laufen, die andere liebenswert und unverwechselbar machen – innerlich und äußerlich.

Dem Perfektionismus – und damit der Aufschieberitis abzuschwören, die er ansteckt – heißt nicht, ab sofort fröhlich herumzuschlampen. Wir können auch ordentlich und korrekt sein ohne perfektionistischen Anspruch. Doch was bedeutet korrekt?

NEIGEN SIE ZU
PERFEKTIONISMUS?

1. Macht Ihnen das i-Tüpfelchen, das zum Schluss noch fehlt, schwer zu schaffen?

2. Leben Sie betont leistungsorientiert?

3. Rechtfertigen Sie sich häufig?

4. Richten Sie Ihren Adlerblick gern auf Details?

5. Legen Sie Wert darauf, alles immer besonders gründlich zu erledigen?

6. Können Sie Aufgaben schwer beenden?

7. Erwarten Sie von anderen dieselbe perfektionistische Einstellung?

8. Lassen Sie sich ungern helfen und haben Schwierigkeiten zu delegieren?

9. Meiden Sie Situationen, in denen Sie scheitern könnten, weil die Zeit für perfekte Vorbereitung fehlt?

10. Fällt es Ihnen schwer loszulassen?

Wenn Sie einen Großteil dieser Fragen mit ja beantworten, haben Sie einen Hang zum Perfektionismus.

Das weiß jeder? Nein, eben nicht, und deshalb sollten Sie stets die Erwartungen anderer abfragen. Das spart Zeit und Nerven, denn wir sind keine Gedankenleser und können unmöglich wissen, was im Kopf anderer vorgeht und was sie sich unter gewissen Abläufen vorstellen.

Ein Beispiel: Mona nimmt einen Auftrag für einen neuen Kunden an und lektoriert einen Sportmodenkatalog. Wie immer liest sie nicht nur den Text Korrektur, sondern vergleicht auch sämtliche Logos und kontrolliert die Stimmigkeit des Layouts. Der Kunde wundert sich über die hohe Rechnung. »Sie sollten Korrektur lesen, keinen Katalog überarbeiten.« Ihre Kollegin Monique macht genau das: Sie liest Korrektur und wird von einem unzufriedenen Kunden am Telefon zurechtgewiesen wegen dieser schlampigen Arbeit.

Moral von der Geschichte: Erkundigen Sie sich VORHER, wie genau Sie eine bestimmte Aufgabe erledigen sollen. Wichtiger als eine Arbeit perfekt zu machen ist es, die Erwartungen zu erfüllen, und die kennen wir manchmal gar nicht, deshalb sollte dieser Punkt stets vorab geklärt sein.

Sie gewinnen Zeit, wenn Sie exakt wissen, was von Ihnen erwartet wird. Meist ist es viel, viel weniger, als Perfektionisten sich aufladen. Und das sollten Sie dann auch so akzeptieren und nicht noch besser machen wollen. Oft ist das Sahnehäubchen, für das der Perfektionist so viel Zeit verbraucht, nicht ausschlaggebend. Die anderen freuen sich über die Torte, dem Perfektionisten ist diese nicht genug. Er sehnt sich nach Beachtung, Beifall und möchte sich dabei doch nur vor Fehlern bewahren, die ihm so entsetzlich peinlich sind. Häufig handelt es sich bei Perfektionisten um enorm willensstarke Menschen, denen man ihren sensiblen Kern kaum zutraut. Stets sein Bestes zu geben ist im Prinzip nicht falsch, doch man sollte wissen, wo der Bereich des Besten beginnt.

Das Pareto-Prinzip

Eine weitere Perle des Zeitmanagements – und eine wichtige Entdeckung für Perfektionisten – ist das Pareto-Prinzip. Es besagt, dass zwischen Aufwand und Ergebnis kein proportionales Verhältnis

DAS EINMALEINS
DER ZEITERSPARNIS

- 80 Prozent des Ertrags erreichen wir mit 20 Prozent unseres Aufwands
- 80 Prozent der Wirkung kommen von 20 Prozent der Ursachen
- 80 Prozent der Ergebnisse basieren auf 20 Prozent der Anstrengungen
- 20 Prozent der Kunden oder Waren bringen 80 Prozent des Umsatzes
- 20 Prozent der Zeitung enthalten 80 Prozent der Nachrichten
- 20 Prozent der in Meetings verbrachten Zeit bewirken 80 Prozent der gefassten Beschlüsse
- 20 Prozent unserer Beziehungen schenken uns 80 Prozent unserer Glücksgefühle

besteht. Demnach führen 20 Prozent des Zeitaufwandes zu 80 Prozent des Ergebnisses. Die zusätzliche Zeit, die wir investieren, um ein bestimmtes Ergebnis zu erzielen, bringt relativ kleine Verbesserungen im Vergleich zu dem großen Schwung, den wir mit 20 Prozent des Zeitaufwandes bereits geschafft haben.

Angenommen, Sie schreiben eine wichtige Mail, in der es um einen neuen Auftrag für die Firma oder um einen privaten Kontakt geht. In einer Viertelstunde haben Sie die Mail verfasst. Alles, was Sie sagen wollten, ist gesagt, und es klingt gut. Sie könnten die Mail jetzt abschicken. Tun Sie aber nicht. Sie überprüfen und verbessern (oder verschlechtern) Ihre Formulierungen, ehe Sie die Mail abschicken. Vielleicht ist sie jetzt runder? Vielleicht war sie vorher aber auch schon rund genug – es stand ja bereits alles drin, was Ihnen wichtig ist. Aber wahrscheinlich kannten Sie da das Pareto-Prinzip noch nicht. Oder Sie wollen ganz bewusst 100

NOTFALLTIPPS FÜR
PERFEKTE PERFEKTIONISTEN

- Legen Sie Termine fest und halten Sie diese unbedingt ein.
- Denken Sie an das Lob zurück, das Sie für Arbeiten erhalten haben, die Ihrer Meinung nach noch lange nicht perfekt waren.
- Behalten Sie den Überblick. Perfektionisten neigen dazu, sich in Details zu verzetteln und dann dauert alles länger als geplant und auf einmal sieht man den Wald vor lauter Bäumen nicht mehr.
- Seien Sie nett zu sich und hören Sie auf, sich selbst zu beschimpfen, wenn mal etwas nicht so klappt, wie Sie es geplant haben. Sagen Sie nicht: »Das hast du wieder mal verbockt.« Sagen Sie: »Du hast das so gut gemacht, wie du konntest. Toller Einsatz!«
- Wer erwartet Wunder von Ihnen außer Sie selbst? Schrauben Sie Ihre Erwartungen an sich auf ein gesundes Maß zurück.
- Vergleichen Sie sich nicht mit anderen.
- Freunden Sie sich damit an, Fehler zu machen. Das gehört zum Mensch-sein und aus Fehlern lernen Sie!
- Sprechen Sie mit anderen über Ihren Hang zum Perfektionismus.
- Lernen Sie Schwächen einzugestehen und andere um Hilfe zu bitten.
- Üben Sie den konstruktiven Umgang mit Kritik.
- Achten Sie auf regelmäßige Auszeiten.
- Erkennen Sie, dass nicht Sie der Maßstab sind und dass Sie andere glücklich machen können, wenn Sie deren Ansprüche erfüllen, die in Ihren Augen vielleicht gering sind .

Nur keine Panik

Malen Sie sich realistisch aus, was passieren würde, wenn Ihre »Unprofes-sionalität« aufflöge. Meistens passiert nämlich gar nichts. Auf keinen Fall passiert das, was nach Meinung eines Perfektionisten passieren müsste. Nie-mand wird erhängt, erschossen, gesteinigt. Wahrscheinlich bemerken andere die Unpässlichkeit, unter der ein Perfektionist qualvoll leidet, gar nicht.

Prozent liefern, obwohl Sie vermuten können, dass Ihre Auftraggeber den Unterschied zwischen 80 und 100 Prozent gar nicht goutieren, schließlich sind Sie die Expertin. Oder Sie können mit 80 Prozent Ergebnis schlecht leben und legen noch mal 80 Prozent Zeitaufwand drauf für ein 100-prozentiges Ergebnis. Dies ist keine Aufforderung, schlampig zu arbeiten, sondern eine Anregung für flexibles Zeitmanagement, wie Millionärinnen es bevorzugen.

UNDERCOVERAGENTEN: ZEITRÄUBER

Mal ganz ehrlich, wer ist schuld? Sind es die Blätter, die dauernd von den Bäumen fallen – und wir müssen sie zusammenrechen? Sind es die Blätter, die aus dem Drucker fallen und wir müssen sie bearbeiten? Nein, schuld sind wir selbst und alle anderen. Es gibt keine gewiefteren Zeiträuber als Menschen – und es gibt keine gewiefteren Zeitmillionäre. Obwohl Zeit absolut gerecht verteilt ist – jedem stehen pro Tag 24 Stunden zur Verfügung – scheinen manche Menschen mehr davon zu besitzen und andere weniger. Vielleicht leben die einen in einschlägigen Vierteln mit hohem Zeiträuberanteil? Nehmen Sie Ihr soziales Umfeld unter die Lupe, um herauszufinden, ob es hier undichte Stellen gibt: Agenten, die Ihre Zeitbilanz anbohren und in Nacht- und Nebelaktionen wertvolle Sekunden und Minuten aus Ihren Ressourcen der Faulenzerei schleppen. Agenten, die Ihre Relaxtheit mit Katastrophengeschichten in die Luft sprengen möchten. Zeiträuber, die Sie wegen ihres eigenen fehlenden Zeitmanagements mit in ihren Chaosstrudel reißen wollen. Gibt es solche Leute in Ihrem Bekanntenkreis? Kennen Sie die schon oder arbeiten sie verdeckt? Dann ermitteln Sie: offen *(siehe Übung Seite 136)*!

ENERGIEBILANZ –
WER RAUBT MIR MEINE ZEIT?

Schreiben Sie links auf ein Blatt Papier die Namen aller Menschen aus Ihrem Umfeld, mit denen Sie zu tun haben: Familienmitglieder, Arbeitskollegen, Nachbarn und Freunde. Denken Sie anschließend darüber nach, wie Sie sich beim Zusammensein mit diesen Menschen fühlen. Tanken Sie auf oder sind Sie nach der Begegnung gestresst, müde, ausgelaugt? Haben Sie Ihre Zeit in dieser Gesellschaft anregend verbracht oder hätten Sie – Hand aufs Herz – lieber etwas anderes gemacht? Geben Sie Ihren Eindrücken spontan nach, indem Sie in zwei Spalten Plus- und Minuspunkte zwischen 1 und 10 verteilen und entscheiden, ob Sie den Kontakt intensivieren oder reduzieren möchten.

Name	plus	minus	Kontakt intensivieren	reduzieren
Gaby		– 4	X	
Till	+ 8		X	
Emma	+ 0	– 0		X

Fragen Sie sich dann, warum Sie Gaby überhaupt treffen, wenn Sie danach schlecht drauf sind und wieso Emma, wenn Sie plus/minus Null aus den Begegnungen herausgehen. Warum trifft man sich überhaupt? Ist es Gewohnheit, Verpflichtung, Mitleid?

Kann man Menschen so »herzlos« beurteilen? Ja und nein. Jeder von uns kennt Leute, die einen nerven – doch wir mögen sie trotzdem oder gerade deshalb. Doch wir kennen auch Menschen, die immer nur nehmen und eigentlich mögen wir die gar nicht.

Wieso sollten wir weiterhin Zeit mit ihnen verbringen, Zeit, in der wir Dinge tun könnten, die uns Freude machen? Wie wäre es, diese Zeit- und Energieräuber sich selbst zu überlassen, damit sie endlich erwachsen werden und lernen, auf eigenen Beinen zu stehen, statt sich von uns huckepack durchs Leben tragen zu lassen. Es geht hier ausdrücklich nicht darum, sich anderen gegenüber rücksichtslos zu verhalten nach dem Motto: »Tut mir leid, Sie können jetzt keinen Nervenzusammenbruch erleiden, ich habe heute keine Zeit für dieses Gespräch.« Es geht darum, dass Sie selbst sich gut behandeln und vor Einflüssen schützen, die Ihnen schaden.

Verdachtsmomente, um Zeiträuber zu enttarnen

Es gibt typische Zeichen, an denen Sie Zeiträuber erkennen können. Hier die wichtigsten: Im Gespräch dreht sich alles nur um ihre Belange, darum, was sie erlebt, gedacht, gemacht haben. Energieräuber fragen selten nach: »Wie geht es dir, was treibst du so?« Sie brauchen Publikum, sonst nichts. Wenn sie um einen Gefallen gebeten werden, haben sie nie Zeit, während sie selbst ständig um kleine und große Gefallen bitten. Die Revanche bleibt aus. Zeiträuber scheuen sich auch nicht, anderen das Messer auf die Brust zu setzen: »Du bist meine letzte Rettung.« So schaffen sie es immer wieder, ihre Ziele zu erreichen. Gern erpressen sie auch mit ihrem eigenen Unglück: »Ich kann nicht, niemand hilft mir, ich traue mich nicht …« Und ganz typisch: Sie laden sich selbst zum Essen ein – das bleibt ebenfalls einseitig. Vorsicht: Wenn Zeiträuber sich Dinge ausleihen, gehen diese automatisch in ihren Besitz über. Sollten sie Ausgeliehenes versehentlich doch einmal zurückbringen, ist es oft beschädigt und wird niemals ersetzt. Außerdem beanspruchen Zeiträuber sehr viel Raum, lassen überall etwas liegen und gehen davon aus, dass man ihnen selbstverständlich einen Platz in der Garage für ihr Surfbrett überlässt, das sie nach ihrem Umzug in ein anderes Bundesland nie abholen, was sie nicht davon abhält, sich als Übernachtungsgäste einzuquartieren, leider per Motorrad unterwegs – kein Platz für den Abtransport des Surfbretts.

Was bringen solche Leute außer Ärger? Kann sein, dass sie früher anders waren. Vielleicht haben Sie eine schöne Zeit miteinander erlebt. Doch die Zeiten ändern sich und indem Sie weiter auf diese Beziehungen setzen, klauen Sie sich selbst die Zeit für andere, neue Begegnungen oder Zeit mit Ihrer Familie, Ihren Hobbys.

Folgene Fragen sollten Sie sich stellen: Fühlen Sie sich schlecht, wenn Sie eine alte Freundschaft kappen? Wieso geht es Ihnen besser, wenn Sie selbst sich so wenig wertschätzen? Und: Ist das wirklich noch Freundschaft? Sicher, einen oder zwei solcher alten Freunde schleppt man durch. Aber wenn es mehr sind, wenn sich in Ihrem Umfeld eine Menge Zeiträuber tummeln sollten Sie sich die Frage stellen: Wer fühlt mit Ihnen?

TIPP

OHNE ZEITVERLUST
IMMER AUF DEM NEUSTEN STAND

Sollten Sie zu den Menschen gehören, die Klatsch und Tratsch lieben, müssen Sie diesen nicht komplett aus Ihrem Leben verbannen. Sie können ihn auch beschränken. Am Telefon: »Ich hab leider nur fünf Minuten Zeit, schieß los!« Bei persönlichen Begegnungen: »Ich bin leider in Eile.« Und wenn Sie das nicht schaffen: Delegieren Sie. Schicken Sie jemand anderen los, der mehr Zeit hat, um Ihre Neugier zu befriedigen.

MALEN SIE EIN FREUNDSCHAFTSBILD

Schreiben Sie Ihren Namen in die Mitte eines großen Bogens Papier. Drumherum platzieren Sie die Namen der Menschen, mit denen Sie zu tun haben. Schreiben Sie diejenigen, denen Sie sich jetzt im Moment verbunden fühlen, dicht an Ihren eigenen Namen und die anderen weiter weg – je nachdem, wieviel Abstand Sie sich wünschen. Seien Sie ehrlich. Es kann sein, dass die beste Freundin von früher im Moment an den Rand rückt. Niemand hat das Recht auf einen Stammplatz in Ihrem Leben. Das Leben ist dynamisch und als Zeitmillionärin reagieren Sie darauf. Das ist der augenblickliche Stand. Die Namen, die nah bei Ihnen stehen, sind jetzt wichtig. Lassen Sie sich überraschen!

Lebensabschnittsfreunde

Irgendwie ist es toll, viele Leute zu kennen und so gefragt zu sein. Dauernd klingelt das Telefon – »Hi, was gibt es Neues und was läuft ...?« Vor allem Ihre Zeit: nämlich davon. Doch wer ist Ihnen wirklich wichtig? Mit welchen Menschen möchten Sie Ihre Freizeit verbringen? Sie dürfen sich verändern! Sie müssen Ihre Kindergartenfreunde nicht bis zur Rente mitziehen. Man kann auch eine Pause einlegen und sich später wieder treffen. So geben Sie neuen Begegnungen eine Chance und stärken Ihre Position als Zeitmillionärin. Als solche lassen Sie sich im Privatleben nicht von Gewohnheiten einengen, sondern bleiben flexibel mit dem Mut zu Veränderungen. Das können Sie auch offen ansprechen, Sie brauchen sich nicht hinter Vorwänden zu verstecken von wegen viel um die Ohren. »Lass uns mal eine Pause einlegen, ich habe im Moment viel zu tun. Ich melde mich wieder bei dir.« Dann merken Sie schon, ob Sie diesen Menschen vermissen oder ob es Ihnen gar nicht auffällt, dass dieser Satellit in Ihrem Universum vorübergehend Sendepause hat. Oft stellen Menschen, die sich von anderen zurückziehen, mit großem Erstaunen fest: »Sie fehlt mir gar nicht! Das hätte ich nie gedacht! Eigentlich bin ich froh, dass sie weg ist.« Alte Freunde korrespondieren mit unseren alten Persönlichkeitsanteilen und hindern uns manchmal an unserer Weiterentwicklung.

Mülleimer in den Müll!

Vielleicht gibt es Menschen, von denen Sie sich als Seelenmülleimer missbraucht fühlen. Es sind immer dieselben Storys: Jobs und Männer wechseln, die Schuldigen bleiben die gleichen. Wenn Sie merken, dass Sie das nervt – sprechen Sie Ihre Freundinnen darauf an: »Mich langweilen die immer gleichen Themen. Können wir mal über was anders reden?« Hören Sie damit auf, immer dieselben Ratschläge zu geben. Sie sind nicht verantwortlich für das Lebensglück anderer. Sie dürfen den Kontakt zu Menschen, die Ihnen nicht guttun, reduzieren und sogar abbrechen. Sie dürfen unerreichbar sein für solche Zeitgenossen, die dauernd etwas von Ihnen wollen, aber ihrerseits nie Zeit haben, wenn Sie sie um einen Gefallen bitten, die Ihnen nie zuhören, weil sich alles nur um sie dreht. So schaffen Sie Freiräume für schöne Dinge – und vielleicht neue Bekanntschaften, die Ihnen weder Energie noch Zeit rauben, sondern schenken.

Es gibt Menschen, denen es Freude macht, anderen zu helfen – auch, weil sie sich dadurch wichtig und gebraucht fühlen. Diese Helfer haben es vielleicht sogar ganz gern, wenn sie von Zeiträubern umzingelt sind. Als hilfsbereitem Mensch sollte Ihnen das

FINDEN SIE HERAUS,
WER IHNEN WIRKLICH GUTTUT

Beantworten Sie die folgenden Fragen und schreiben Sie die Namen auf:

1. Wen mag ich und wer bringt mich weiter? _____

2. Wen mag ich? _____

3. Wen mag ich, obwohl er mir nicht unbedingt guttut? _____

4. Wen mag ich nicht, obwohl er mich weiterbringt? _____

5. Wen mag ich nicht? _____

6. Wen mag ich nicht und er tut mir auch nicht gut? _____

Gehen Sie in sich und überlegen Sie, wie Sie diese Informationen in Ihre Zukunft als Zeitmillionärin integrieren wollen. Zur Inspiration:

1. Die Menschen, die Sie mögen und die Sie weiterbringen: Dranbleiben!

2. Die Menschen, die Sie mögen: Sollten das viele sein, setzen Sie Prioritäten. Sie können unmöglich allen gerecht werden.

3. Die Menschen, die Sie mögen, die Ihnen aber nicht unbedingt guttun: Würden sie Ihnen fehlen? Wie wäre es, den Kontakt einschlafen zu lassen? Oder zumindest zu reduzieren? Was könnten Sie Schöneres mit Ihrer Zeit anfangen? Alternativen?

4. Die Menschen, die Sie nicht mögen und die Sie weiterbringen: Nutzen Sie diese Kontakte zu Ihrer persönlichen Entwicklung und finden Sie ein Ihnen angenehmes Maß des Kontaktes.

5. Die Menschen, die Sie nicht mögen: Zeitverschwendung.

6. Die Menschen, die Sie nicht mögen und die Ihnen nicht guttun: Ade!

bewusst sein, denn diese Erkenntnis erspart Ihnen viel Zeit auf der Suche nach den Ursachen für Ihre Zeitprobleme, die Ihnen näher am Herzen liegen, als Sie vielleicht dachten ...

Saboteure und Schwarzmaler

Gut gelaunt will man etwas erledigen – und dann bremsen sie uns aus, diese alles schlechtmachenden Schwarzmaler. Sie wissen immer alles besser und vor allem wissen sie, wie man es nicht macht, und was alles nicht klappt. Sie zählen auf, warum wir scheitern, schwächen unsere Kraft und malen unsere rosige Zukunft unverdrossen düster an die Wand. Solchen Saboteuren können relaxte Zeitmanagerinnen relativ locker begegnen. Neid spornt nun mal zu Pessimismus an. Schwieriger ist es, wenn die Schwarzmaler in uns selbst wohnen. Ganz schlimm, wenn sich Zauderer von außen mit unseren eigenen Zweifeln verbünden. So geben Sie den Saboteuren künftig keine Chance mehr:

- Überprüfen Sie Ihr Umfeld kritisch auf Berufspessimisten.
- Neigen Sie selbst dazu, die Dinge schnell mal schwarzzusehen? Dann lesen Sie Seite 128 bis 129.
- Versuchen Sie Ihren Blick positiv zu verändern.
- Bestärken Sie andere in ihren positiven Absichten.
- Machen Sie sich klar: Was schiefgehen soll, geht auch ohne Ihre vorherige Prophezeiung schief.

Beziehungsarbeit

Werfen Sie auch noch einen Blick auf das Zeitmanagement Ihrer Paarbeziehung. Fühlen Sie sich wohl damit? Gestalten Sie als Teil eines Paares 50 Prozent der Beziehung zu Ihrer eigenen Zufrieden-

heit? Oder widmen Sie sich den Interessen Ihres Partners über-
proportional und vernachlässigen die eigenen? Warum eigentlich?
Glauben Sie womöglich, Ihr Partner würde das von Ihnen erwarten? Fragen Sie ihn. Vielleicht findet er es auch mal schön, allein
oder im Kreis seiner Freunde etwas zu unternehmen – ohne Ihre
Begleitung –, doch hat er sich bisher gescheut, Ihnen das zu sagen.
So was kennen Sie doch auch: Männer in einer Frauenrunde sind
häufig ein Störfaktor. Das hat gar nichts mit mangelnder Liebe zu
tun. Das ist ein Naturgesetz.

Beziehungspflege

Christian ist Schornsteinfegermeister und werktags klingelt sein
Wecker um fünf Uhr. Mira arbeitet bei einer Versicherung und
steht unter der Woche meist gegen sieben Uhr auf. Christian liebt
es, am Wochenende auszuschlafen. Mira platzt morgens schier
vor Energie und hält es im Bett nicht mehr aus. Sie will raus, was
unternehmen. Nach zwei Jahren Beziehung haben die beiden
endlich einen Kompromiss gefunden. Christian hat kein schlechtes
Gewissen mehr, wenn er länger schläft, Mira glaubt nicht mehr, sie
müsse mit dem Frühstück auf ihn warten. Denn morgens hat sie
einen Bärenhunger. Mira frühstückt gegen 7:30 Uhr ruckzuck ohne
Christian und macht dann, wozu sie Lust hat. Christian steht auf,
wann er will und frühstückt dann sehr lange mit seiner Lieblings-
zeitung. Um 12 Uhr mittags, High Noon, sind sie verabredet und
gestalten dann ihr Wochenende gemeinsam – meistens erst mal mit
Haushalt und Besorgungen. Beide sind so hochzufrieden, weil sie
ihren eigenen Rhythmus leben, und das stärkt ihre Zuneigung.

Doch wie gelangt man zu so einer Harmonie? Überprüfen Sie
dazu Ihre Annahmen in Bezug auf Ihre Beziehung. Wer sagt, dass
Sie überall als Paar auftreten müssen? Sie müssen am Samstag

nicht zwei Stunden am Frühstückstisch sitzen, nur weil Ihr Partner das genießt. Seien Sie kreativ dabei, die unterschiedlichen Bedürfnisse von zwei Menschen in einem Zeitmanagement zu verbinden. Kennen Sie Ihre Beziehungsbedürfnisse überhaupt? Wie wäre es mit einem langen Spaziergang und diesen interessanten Themen:

- Verbringen wir genug Zeit miteinander?
- Oder zu wenig?
- Wie gestalten wir diese gemeinsame Zeit?
- Wo können wir mehr Qualität statt Quantität erreichen?
- Sind wir beide erfüllt, wenn wir zu zweit etwas unternehmen?
- Was bleibt auf der Strecke?
- Was wünschen wir uns?
- Was können wir ändern?
- Wie planen wir unsere Zukunft?

Gerade wenn Sie Kinder haben, sind solche Gespräche sehr wichtig, denn oft verlieren sich Eltern auf der Paarebene – und das liegt häufig nicht an einem Liebes-, sondern an einem Zeitmangel. Zumindest der Mangel an Zeit kann durch gutes Zeitmanagement gepäppelt werden, viel leichter als ein Liebesmangel, der jedoch oft mit einem Zeitmangel beginnt. Fragen Sie sich nicht: Was muss jeder von uns einschränken? Sondern: Wovon wollen wir mehr? Die Einsparung ergibt sich dann ganz automatisch – ebenso wie ein Plus an Zweisamkeit. Sprechen Sie sich ab, damit jeder das verwirklichen kann, was er möchte – und wenn Sie zusammen sind, fühlen Sie sich pudelwohl, angefüllt mit schönen Erlebnissen. Eine bessere Option für eine glückliche Zukunft gibt es nicht.

Erfahren Sie nun, wie Sie Zeiträubern Grenzen setzen und dass Nein sagen in Wirklichkeit ein Ja ist: Das Ja zu sich selbst.

Machen Sie es sich bequem und vertrauen Sie die gewonnenen Erkenntnisse Ihrem Unterbewusstsein an. Das erledigen Sie im Zeitraffer. Und dann freuen Sie sich an Ihrer wohlverdienten Faulenzerei.

- Entlarven Sie Ihre beliebtesten Zeitfänger. Stöbern Sie sie in ihrem Schlupfwinkel auf und holen Sie sich zurück, was Ihnen gehört.
- Wie heißen die wirklich wichtigen Steine in Ihrem Zeitkrug?
- Eine kleine Shortlist spart listig Zeit und doppelte Wege.
- Delegieren Sie Aufgaben im Schlaf von morgen an Ihr Unterbewusstsein.
- Gleich und gleich gesellt sich gern: Fassen Sie Aufgaben zu Blöcken zusammen.
- Erkennen Sie Ihre Lieblingsstörungen und stören Sie sie.
- Zettelwirtschaft führt zu Zettelwut.
- Hübsch der Reihe nach: Lieber eins nach dem anderen und gründlich als alles durcheinander und mehrfach.
- Sie sind die Chefin Ihrer Mailbox, nicht ihre Sklavin!
- Der letzte Schrei bei Zeitmillionärinnen: Die Fernseh-Diät
- Wenn schon schieben, dann nicht *auf*…, sondern *ver*…!
- Wenn schon perfekt, dann darin, nicht perfekt zu sein.
- In bester Gesellschaft: Zeitmillionärinnen genießen das Zusammensein mit Menschen, die ihnen guttun.
- Gute Beziehungen basieren auf einem guten Zeitmanagement: für beide!

Da ist sie ja,
meine Zeit!

Um im Leben etwas zu verändern, genügt es nicht, immer neue Dinge hinzuzunehmen. Wir lassen etwas los, um etwas Neues auszuprobieren. Wie sieht es mit Ihren Hobbys aus? Machen Sie die wirklich gern? Überprüfen Sie kritisch die Rollen, die Sie im Leben spielen und lassen Sie sich nicht von den Erwartungen anderer locken.

ICH NEHME NUR NOCH HAUPTROLLEN AN

Menschen, die genau so leben, wie sie es sich wünschen, haben unter Umständen nicht viel Geld. Doch sie leben ihre Träume und kennen vielleicht auch das beglückende Gefühl, mit Freude bei der Arbeit zu sein – und das strahlt ab auf ihr Umfeld. Studien belegen, dass im Beruf zufriedene Menschen im Privatleben ebenfalls zufrieden sind. Vielleicht steckt auch in Ihnen ein Talent, das nur darauf wartet, entdeckt zu werden, um eine neue Karriere zu starten? Finden Sie es heraus, indem Sie sich folgende Fragen stellen: Wer bin ich und was macht mich aus? Was berührt und bewegt mich? Welche Themen liegen mir am Herzen? Was kann ich besonders gut? Was brauche ich, um mich wohlzufühlen? Wann bin ich glücklich? Schreiben Sie sich Ihre Antworten auf, um sie in Ihr Bewusstsein zu rücken *(siehe Seite 63)*.

Sobald Sie sich die Kostbarkeit Ihrer Lebenszeit vor Augen halten, steigt Ihr Mut, Dinge zu verändern, die nicht so laufen, wie Sie sich das vorstellen. Leben Sie so, dass Sie rückblickend immer sagen können: »Ja. Ich würde alles wieder genau so machen, wie ich es gemacht habe.« Wer streckenweise lediglich als Statist in seinem eigenen Leben auftritt, wird das sicher nicht behaupten können. Als Zeitmillionärin geben Sie sich nicht mit Nebenrollen zufrieden. Sie stehen im Rampenlicht Ihres Lebens.

Rollen kommen, Rollen gehen

Heute ist der erste Tag vom Rest Ihres Lebens! Welche Rollen möchten Sie in Zukunft spielen? Rolle ist in diesem Zusammenhang keinesfalls negativ zu verstehen als etwas, was wir vorgeben, ohne es zu sein. Jeder Mensch füllt in seinem Leben viele Rollen aus. Wir sind mehrere: die Frau von Peter, die Chefin von Sabine, die Mutter von Nina und Valentin, die Schwägerin von Katina, die Assistentin der Chefin, die Nachbarin von Wolfs und last, but not least das Frauchen von Luna. Und dann sind wir auch noch diejenige, die ständig Mountainbiken muss (die Sportbesessene), die die besten Kuchen für den Wohltätigkeitsbazar backt (die Zauberin), die knallhart verhandelt (als Anwältin ihrer Familie), die immer ein offenes Ohr hat für die Nöte der anderen (die Kummertante), die mit der tollen Stimme (die Sängerin), die auch schon mal mit 50 Euro aushilft (die Großzügige), die immer in bunten Klamotten rumläuft (das verrückte Huhn). Und wer sind Sie alles?

Im Lauf unseres Lebens verändern sich manche unserer Rollen. Wir legen alte ab und nehmen neue an. Das heißt: So sollte es sein. Denn eine solche gesunde Häutung wird häufig vereitelt durch die guten alten Freunde, die alles gern so belassen würden, wie es immer war. Oder durch die Familie – und manchmal auch durch die Umstände. So werden wir ausgebremst durch ein Drehbuch, das nicht mehr zu uns passt – der lieben Umwelt aber immer noch gefällt: Es klappt doch alles bestens! Wieso was verändern?

Was für andere bequem ist, kann einem selbst ziemlich unbequem werden. Wenn wir selbst uns nicht mehr wohlfühlen und ständig zu wenig Zeit haben für das, was wir eigentlich wollen, lohnt es sich, einen kritischen Blick auf die Rollen zu werfen, die wir ausfüllen *(siehe Seite 149)*. Sicher, Mama von Nina und Valen-

WERDEN SIE ZUM
DREHBUCHAUTOR IHRES LEBENS

Erstellen Sie eine Liste Ihrer Rollen.

- die nette Nachbarin, die die Blumen gießt,
- die Antreiberin im Büro,
- die Chauffeurin meiner Kinder,
- die flexible Freiberuflerin ...

Entscheiden Sie spontan, was Ihnen gefällt und was nicht. Streichen Sie letzteres von Ihrer Liste. Schreiben Sie die verbliebenen Punkte auf eine neue Liste und prüfen Sie diese noch einmal. Streichen Sie eventuell weitere Punkte. So erstellen Sie das Drehbuch Ihres Lebens. Sie wissen, wie Sie es langfristig in die Tat umsetzen können:

- Sie kennen Ihre Werte und Ziele (siehe Seite 47–66),
- Sie wissen, mit welchen smarten Schritten Sie wann dorthin gelangen (siehe Seite 14–46),
- Sie können Zeitfänger dingfest machen (siehe Seite 102–121),
- Sie können nein sagen (siehe Seite 151–160),
- Sie können delegieren (siehe Seite 161–165),
- Sie sind mit allen Wassern einer Zeitmillionärin gewaschen,
- Sie wissen, worauf es ankommt: Den Oscar für Ihr eigenes Leben.

Denken Sie bei künftigen Rollenangeboten an die Ziele aus Ihrem Dreh-buch. Das hilft dabei, sich neuen Herausforderungen zu stellen und alte anderen zu überlassen, die auch mal unten anfangen müssen, wie Sie es vielleicht vor vielen Jahren getan haben bei einer Low-Budget-Produktion. Soll doch der Nachwuchs die Buchhaltung im Verein machen. Sie werden von einem tollen Nebeneffekt profitieren: Die Erneuerung einer einzigen Rolle wirkt sich auf alle anderen aus. Das ist ein Naturgesetz.

tin ist ein Traumjob, außer die beiden lassen sich mal wieder was besonders Tolles einfallen, wie Honig auf den Hund pinseln und den durchs Haus jagen als Honigkuchenhund: »Weißt du, Mama, es gibt nicht bloß Honigkuchenpferde, kuck mal!«

Es läuft auch prima für die Leute im Verein, weil Sie irgendwann vor hundert Jahren mal ja gesagt haben, als Sie gefragt wurden, ob Sie die Buchhaltung und den Internetauftritt übernehmen würden. Aber wie gesagt, das war vor hundert Jahren und damals hatten Sie noch nicht mit Taekwondo angefangen und waren auch noch nicht selbstständig und keine Mutter eines kreativen honigsüßen Geschwisterpaars.

Es läuft auch prima für Ihre Nachbarn, die sich darauf verlassen können, dass Sie sich um Garten und Haus kümmern, wenn das reisefreudige Paar mal wieder in Asien, Amerika, Afrika unterwegs ist. Und natürlich läuft es prima für Ihren Mann, für den sowieso. Und so kann es passieren, dass die Hauptrolle in Ihrem eigenen Leben zu kurz kommt. Was ist das überhaupt. Eine Hauptrolle?

Ganz einfach: Es ist das, was Sie wollen. Und wenn Sie die Buchhaltung im Verein gerne übernehmen, spricht überhaupt nichts dagegen. Doch wenn Sie sie machen, weil Sie sie schon immer gemacht haben und nicht wissen, wie Sie sich aus diesem Konto wieder ausbuchen … dann sind Sie leider im falschen Film.

Wenn Hobbys zur Pflicht werden

Mit den Hobbys verhält es sich wie mit den Rollen, die Sie in Ihrem Leben ausfüllen. Manche haben sich überlebt und wir führen sie trotzdem weiter, vielleicht weil uns die Menschen, die dazu gehören, so sympathisch sind. Aus dem Hobby entwickelt sich ein gewiefter Zeitfänger.

Mary hat vor 15 Jahren mit Begeisterung Yoga an der Volkshochschule unterrichtet. Der Kurs ist ihr geblieben, obwohl sie mittlerweile eine Sparkasse leitet. Mary hat kaum Freizeit, doch die Frauen im Kurs sind so nett und die Bewegung tut ja auch gut. Doch Mary wünscht sich, nicht immer vorturnen zu müssen, sondern einfach mitmachen zu können. Sie würde die Hauptrolle in ihrer Freizeit spielen, wenn sie die Hauptrolle an der Volkshochschule abgeben würde.

Überprüfen Sie Ihre Hobbys kritisch: Machen Sie das wirklich gern? Oder ist es nur noch eine Gewohnheit? Achten Sie darauf, wie Sie sich fühlen. Sind Sie nach der Freizeitaktivität gut gelaunt und aufgetankt, obwohl es Sie vielleicht Überwindung gekostet hat, hinzugehen? Wenn Sie sich danach regelmäßig überdrüssig fühlen, sollten Sie dieses Hobby vielleicht gegen ein anderes tauschen, das Ihnen mehr Spaß macht. Auf keinen Fall sollten Sie ein aufgegebenes Hobby durch Arbeit oder andere Verpflichtungen ersetzen, außer Sie pflegen mehrere Hobbys und sind des Müßiggangs überdrüssig. Ihren Vereinskollegen sind Sie im Übrigen keine Rechenschaft schuldig – aber sich selbst. Wenn Sie die Leute ins Herz geschlossen haben: Sie können sie auch mal irgendwann treffen oder aus alter Verbundenheit hin und wieder in den Club gehen. Und wer weiß, vielleicht haben Sie in fünf Jahren wieder Lust einzusteigen!

NEIN, NEIN UND NOCHMAL NEIN

Nein ist mehr als ein Wort. Nein ist eine Macht. Sie schützt unsere Grenzen und schenkt uns Zeit für all das Schöne, das wir unternehmen wollen. Natürlich möchten auch andere Menschen Schönes tun und manche wissen, wie das geht, und bringen andere dazu, das zu erledigen, was sie selber tun müssten. Fazit: Sie haben mehr, die anderen weniger Zeit. Denn: Sie können nein sagen, die anderen nicht.

Das Zauberwort Nein

Obwohl wir wissen, dass ein Nein nichts Schlimmes ist, reagieren wir darauf zuweilen, als hätten wir eine Ohrfeige bekommen. Natürlich zeigen wir das nicht nach außen, doch in unserem Inneren tut sich Erstaunliches. Kaum ist ein Nein ausgesprochen, wollen wir Dinge, die uns vorher überhaupt nicht interessiert haben. Dieses Gartenstück hinter dem Haus – egal. Sobald jemand einen Zaun darum errichtet, wird es interessant. Das kennen wir seit unserer Kindheit. Richtig spannend war es immer dann, wenn die Eltern Nein sagten. Und als wir selbst unser Nein entdeckten und es den Eltern rund um die Uhr entgegenschleuderten, da waren wir Königinnen in unserem eigenen Leben: Wir entwickelten unsere Persönlichkeit.

Ein Nein lässt häufig den Wunsch aufflackern, etwas zu erreichen, was wir vor der ausgesprochenen Ablehnung nicht wollten. Die Zusatzaufgabe im Betriebsrat – kein Interesse, bis der Vorsitzende vermeldet: »Für Sie ist das nichts.« Statt nun froh zu sein: »Super! Das bin ich los!« Wollen wir. Unbedingt. Was uns vorenthalten wird, erscheint erst recht verlockend. Kennen Sie diese Reaktion? Dann können Sie sie nun auch bewusst steuern und lassen den nächsten Kelch an sich vorüberziehen.

Als Kinder konnten wir nicht unterscheiden zwischen uns und unseren Bedürfnissen. Wir fühlten uns als ganze Person abgelehnt, wenn eines unserer Bedürfnisse verneint wurde. Im Laufe der Jahre lernen wir den Unterschied zwischen uns und unseren Bedürfnissen – doch manchmal bleiben ein paar Reste. Bei manchen

WARUM NEIN SAGEN
SO SCHWERFÄLLT

Kein Wunder, dass uns das Nein-Sagen so schwerfällt, die Liste der Gründe ist lang.

- Wir werden dazu erzogen, brav und hilfsbereit zu sein.
- Wir wollen niemanden vor den Kopf stoßen.
- Wir Menschen mögen es, von anderen gebraucht zu werden.
- Wir werden überrumpelt.
- Wir fühlen uns geschmeichelt, weil wir gefragt werden.
- Wir helfen anderen gern.
- Wenn wir nein sagen, mögen die anderen uns vielleicht nicht mehr.
- Wir können schlecht einschätzen, welchen Zeitaufwand das bedeutet.

Und jetzt wird mit drei fatalen Glaubenssätzen aufgeräumt, die Sie wahrscheinlich seit Ihrer Kindheit mit sich rumschleppen:

1. Wer nein sagt, ist ein Egoist.

Nein. Er verbringt seine Zeit mit Aktivitäten und Menschen, die ihm am Herzen liegen. Er tut nicht so als ob und bleibt sich selbst treu. Wer nein sagt, ist aufrichtig.

2. Wer nein sagt, ist unbeliebt.

Nein. Wer immer ja sagt, dem traut man nicht. Studien belegen, dass selbstsichere Menschen besser ankommen als unsichere. Wer nein sagt, demonstriert Selbstsicherheit.

3. Wer nein sagt, fördert Konflikte.

Nein. Konflikte entstehen häufig durch fehlende Klarheit. Wer sagt, was er meint, sorgt für Klarheit und beugt Missverständnissen vor.

Menschen wirken diese Überbleibsel enorm störend – sie fühlen sich schmerzhaft zurückgewiesen, wenn sie ein Nein zu hören bekommen und bringen andere dadurch in unangenehme Situationen. Doch lassen Sie sich dadurch nicht verunsichern und bleiben Sie beim Nein. Sie können Ihr Nein schonend formulieren. Denn, so der Ratgeberautor Bruno Gideon: »Nicht nein sagen können ist eine Einladung an andere, sich auf unsere Kosten einen Vorteil zu verschaffen.«

Ein klares Nein zeugt von Persönlichkeit

Vielleicht kennen Sie einen Menschen, der zu allem Ja sagt. Sie rufen abends um zehn an und fragen, ob er Sie am nächsten Morgen zur Arbeit fährt. Klar. Er verleiht sein Auto, sein Boot und nimmt fremde Gäste bei sich auf. Ein echter Schatz. Aber mal ehrlich: Nehmen Sie diesen Menschen ernst? Oder ist er nicht irgendwie ein Trottel, wenn auch ein liebenswerter? Oder halten Sie ihn vielleicht sogar für einen Zeitgenossen, dem man nicht trauen kann: Im Grunde weiß man doch nie, was er will. Er sagt immer nur Ja. Das ist ein bisschen wenig. Und langweilig obendrein.

Vorsicht Weichspüler

Wer mit dem Nein-Training beginnt, läuft gerade anfangs Gefahr, es zu verwässern. Sie werden zum Beispiel um einen Gefallen gebeten und antworten mit: »Nein Peter, ich kann eigentlich nicht …« oder »Na ja, ich habe zur Zeit recht viel zu tun …« oder auch »also ich habe wirklich eine Menge vor …«. Dreimal falsch. Eigentlich kommt als Ja rüber! Na ja ist ein halbes Ja und recht viel ist gar nicht so viel – da geht also noch was! Und wirklich ist der Gnadenstoß, denn Peter erwidert nun: »Super, dass ich mich auf dich

SCHNELLKURS –
NEIN SAGEN LEICHT GEMACHT

Wenn Sie das nächste Mal um einen Gefallen gebeten werden, stellen Sie sich zwei entscheidende Fragen:

1. Ist das etwas, was ich unbedingt tun muss?

2. Ist das etwas, was ich unbedingt tun möchte?

Ein doppeltes Nein können Sie als eindeutige Antwort interpretieren. Bei einem einfachen Nein entscheiden Sie je nach Laune. Wieso sollten Sie etwas tun, was Sie weder tun müssen noch tun möchten?

Lassen Sie sich keine Gelegenheit entgehen, bei der Sie Nein sagen können. Spielen Sie mit dem Wort. Genießen Sie es, das Wort auszusprechen. Wie fühlen Sie sich dabei? Ist es anstrengend? Nochmal nein. Sagen Sie es so oft, bis es Ihnen leicht über die Lippen kommt, vielleicht sogar Spaß macht. Nein stärkt Ihr Selbstvertrauen. Sie brauchen nicht auf einen besonderen Anlass für ein Nein zu warten. »Nein, ich möchte nicht, dass Sie sich vordrängeln.« oder »Nein, ich wollte 100 Gramm Pecorino und nicht 140 Gramm.«

verlassen kann!«. Peter weiß, was er will. Er wäre ein klasse Übungspartner für Sie. Haben Sie auch einen solchen in petto oder eine Petra, mit der Sie üben können? Sie bombardiert Sie mit Anfragen und Sie bleiben bei Ihrem Nein. In einem Rollenspiel kann sich Ihr Gegenüber auch in jemanden verwandeln, bei dem Sie voraussichtlich ins Straucheln geraten, zum Beispiel Ihren Chef, wenn er mal wieder so heimtückisch nett fragt: »Sie haben doch sicher nichts dagegen, diesen Vorgang heute noch abzuschließen?«

Eine Frage des Status

Die gern übersehene Gefahr bei der kleinen-großen Frage nach Ja oder Nein besteht darin, dass Sie Ihre Position unbeabsichtigt zu Ihrem Nachteil verändern können. Und das geschieht manchmal blitzschnell und total unbewusst.

Wenn Sie sich dafür entschuldigen, dass Sie eine Bitte ablehnen, verwandeln Sie die Bitte unter Umständen in einen Befehl – »Verzeihung, dass ich den nicht ausführe« – oder eine Anklage – »Wieso soll immer ich …« Damit verlieren Sie Ihren Status auf einer Augenhöhe: Sie setzen den Bittsteller über sich.

Wenn Sie genervt reagieren oder gar aggressiv, verwandeln Sie Ihr Gegenüber in einen Angreifer. Wieder verlieren Sie Ihren Status auf Augenhöhe. Achten Sie stets darauf, immer und überall Ihre Position auf Augenhöhe zu wahren – egal um wen es sich handelt! Sie können ja sagen oder nein. Das hat nichts mit Ihrem Wert zu tun. Es gibt geschickte Rhetoriker, die nur darauf abzielen, Sie zu verunsichern. Atmen Sie tief durch, machen Sie sich klar, was hier passiert – und reagieren Sie dann: auf Augenhöhe!

Nein sagen auf die elegante Art

Ein Nein muss nicht verletzend sein. Wenn Sie wissen, dass Sie Ihre Zeit lieber mit Ihren eigenen Aufgaben statt mit denen anderer Leute verbringen oder wenn Sie gerade keine Lust haben, jemandem einen Gefallen zu tun, finden Sie nachfolgend bewährte Möglichkeiten für ein salonfähiges Nein:

1. Gewöhnen Sie sich an, bei allen Gefälligkeiten, die Sie sonst vielleicht im Vorübergehen abnicken, um Bedenkzeit zu bitten: »Lassen Sie mich darüber nachdenken.« oder »Ich rufe dich in einer halben Stunde zurück.«. Wenn Sie dann absagen, wirkt Ihr Nein weniger hart. Außerdem haben Sie bewiesen, dass Sie Verabredungen einhalten.

2. Sagen Sie nicht gleich nein, sondern setzen Sie ein »Hm« davor, das signalisiert, Sie haben sich die Sache überlegt.

3. Am besten ist es, das Nein in normalem Tonfall zu sagen. Nicht aggressiv. Nicht rechtfertigend. Nicht entschuldigend. Mit fester Stimme und Augenkontakt.

4. Wertschätzen Sie die Bitte, die man an Sie heranträgt. Es würde mich freuen, dir zu helfen. Im Anschluss erklären Sie, dass dies leider nicht möglich ist. Sie sagen auf keinen Fall, warum nicht. Wer sich rechtfertigt, verliert (Augen-)Höhe.

5. **Sprechen Sie andere Menschen prinzipiell persönlich an.** Das klingt verbindlicher und freundlicher – und es wirkt auch bestimmender. »Frau Schröder, es tut mir leid …«, »Herr Heine, ich wäre wirklich gerne eingesprungen, aber leider …«.

6. **Tauche die Spitze des Pfeils in Honig, ehe du ihn abschießt.** Es klingt besser, wenn Sie sagen: »Ich würde das wirklich gerne tun. Leider kann ich gerade nicht …«. Damit zeigen Sie, dass Sie prinzipiell etwas tun würden, und auch noch gerne, aber eben im Moment nicht dazu in der Lage sind. So vermeiden Sie, dass sich Ihr Gegenüber angegriffen oder abgelehnt fühlt.

7. **Machen Sie eine Frage des Prinzips aus der Bitte.** Jetzt dürfen Sie begründen, und zwar folgendermaßen: »So was mache ich aus Prinzip nicht.« Ihr Gegenüber fühlt sich nicht persönlich abgelehnt. Hier können Sie auch nachlegen: »Ich verleihe meinen Wagen generell nicht.«, »Ich mache aus Prinzip keine falschen Angaben bei Versicherungsangelegenheiten.« oder »Ich verbringe den Sonntag prinzipiell mit meiner Familie.«.

8. **Bekunden Sie Ihr Bedauern.** »Das tut mir wirklich leid für dich.« Denken Sie nicht darüber hinaus. Ihre Bekannte hat lediglich erzählt, dass ihre Cousine sich das Bein gebrochen hat und ihr nicht beim Umzug helfen kann. Sie hat nicht gefragt, ob Sie einspringen. Halten Sie sich stets an das, was ein Bittsteller konkret sagt und reagieren Sie niemals auf das, was er vielleicht meinen könnte. Sonst würden Sie einer Bitte nachkommen, die niemand an Sie herangetragen hat und der Sie auch nicht nachkommen möchten. Doppelt blöd gelaufen.

9. **Versüßen Sie Ihr Nein mit einer Prise Verständnis:** »Ich weiß, du bist gerade ziemlich im Stress. Es ist wirklich unglaublich, was du leistest! Umso mehr bedaure ich, dass ich dir im Moment nicht helfen kann.«

10. Sagen Sie nicht für immer und alle Zeiten ab, sondern grenzen Sie ein: »Das passt mir im Augenblick leider nicht.« Sollte der Bittsteller einen anderen Zeitpunkt vorschlagen, bleiben Sie vage: »Ich befürchte, an diesem Termin klappt es auch nicht.« Üben Sie sich in Floskeln, die nichts sagen und dennoch etwas bewirken: Sie mildern das Nein. Sie wollen ja niemanden verletzen. Sonst würden Sie sagen: »Keine Lust. Mach doch selber.« Sie wollen einfach nicht und dabei trotzdem freundlich bleiben.

11. Nein sagen und trotzdem nett sein. Auch wenn Sie Ihr Nein unter Hängen und Würgen auf die Welt gebracht haben – bleiben Sie stets freundlich. Sie brauchen Ihr Gegenüber nicht wütend anzufunkeln. Es ist kein Drama passiert. Alles ist völlig normal. Sie haben nein gesagt. Die Erde umkreist noch immer die Sonne. Die Kontinente haben sich nicht verschoben. Sie haben lediglich nein gesagt.

Zeitmillionäre lassen sich nicht manipulieren

Sie merken schon: Um das Nein tobt ein gnadenloser Machtkampf. Und wie so oft wird er verschleiert.

○ Komplimente sind oft nichts anderes als versteckte Aufforderungen: »Sie als unser bester Mann können doch sicher …«, »Deine Kuchen sind einfach die besten, deshalb …«

○ Schlechtes Gewissen säen: »Du hast es ja gut. Du hast deinen Mann und die Kinder. Aber ich …«

○ Ganz raffiniert – anstacheln: »Das schaffst du sowieso nicht, ich mach das lieber selber.«

○ Drohungen: »Wenn du das jetzt nicht erledigst, dann …«

○ Gegenleistungen erzwingen: Ihre Kollegin tut Ihnen unverhofft einen Gefallen, um den Sie gar nicht gebeten haben? Erwartet Sie etwa eine Gegenleistung – oder ist sie einfach ein Riesenschatz?

○ Mitleid heischen: »Ach, wie soll ich nur, ausgerechnet ich …«

Machen Sie sich klar, dass mit solchen und ähnlichen Methoden versucht wird, Ihnen auf Knopfdruck ein Ja abzuluchsen. Wo liegen Ihre Schwachpunkte, wo kriegt man Sie am schnellsten rum und verwandelt ein Nein in ein Ja? Häufig sind es unsere wunden Punkte, mit denen wir manipuliert werden. Kennen Sie Ihre persönlichen Schwachstellen? Ist es, wenn man Ihnen Unzuverlässigkeit unterstellt oder springen Sie an, wenn jemand Ihr Glück preist oder Ihren Erfolg, die Stimme erhebt oder Sie gar bedroht? Spielen Sie nicht mehr mit! Der Autopilot wird ausgeschaltet. Ab sofort entscheiden Sie bewusst und taff wie die Manipulateure. Das können Sie denen auch ins Gesicht sagen.

»Ich fühle mich von dir unter Druck gesetzt …«.

»Aber nein, das wollte ich ganz bestimmt nicht.«

Dann ist es ja gut!

Sie haben das Recht, nein zu sagen

Es ist schön, wenn Sie um etwas gebeten werden, aber das heißt nicht, dass Sie jeder Bitte nachkommen müssen. Sie haben das Recht, abzulehnen und müssen Ihre Ablehnung nicht begründen. Viele Menschen glauben, sie dürften eine Bitte nur ablehnen, wenn sie einen triftigen Grund vorweisen könnten. Was ist ein triftiger Grund? Ich habe keine Lust – ist das nicht absolut ausreichend? Sie leben Ihr Leben. Nicht das anderer Menschen. Sie vertreten Ihre

Interessen und Ihre Vorstellungen davon, wie Sie Ihre Zeit verbringen möchten. Es ist Ihr Leben und Ihre Lebenszeit!

So verteidigen Sie Ihr Recht

Als Anwältin in eigener Sache könnten Sie auch um Aufschub bitten (in der Hoffnung, dass sich die Sache bis dahin erledigt hat). Und das geht so: Prinzipiell sagen Sie zu. Aber eben nicht sofort. »Jetzt gleich ist es schlecht. Besser zu einem späteren Zeitpunkt. Ich habe diesen Monat die Handwerker im Haus. Wenn das alles über die Bühne ist, kann ich dir helfen …« Bis dahin ist der Gefallen, den Sie hätten tun sollen, vom Tisch gefallen!

Oder Sie holen für sich selbst das Beste aus der Sache raus. Jemand bittet Sie um einen Gefallen, Sie überlegen, was Sie dagegen eintauschen könnten, und machen dann ein Angebot: »Okay, ich bringe deinen Wagen in die Werkstatt, dafür bringst du mir aus der Stadt den Tee mit, den ich kürzlich bestellt habe.«

DELEGIEREN
LEICHT GEMACHT

Wir haben viel zu tun, die Zeit wird knapp – wir brauchen Hilfe. Doch sich Hilfe zu holen fällt kaum jemandem leicht, obwohl es die einzig vernünftige Lösung ist. Wir denken, wir müssten alles selbst erledigen, weil wir …

- anderen nicht zur Last fallen und ihnen keine Arbeit aufbürden wollen,
- glauben, andere würden das nicht so gut erledigen wie wir,
- befürchten, wir müssten im Anschluss doppelt so viel nacharbeiten,

- Angst haben, andere könnten etwas womöglich besser machen als wir,
- uns unsere Illusion von Unentbehrlichkeit bewahren möchten,
- uns schlecht fühlen, wenn wir unsere Aufgaben nicht schaffen.

Beim Delegieren geht es nicht darum, andere um einen Gefallen zu bitten oder ihnen ein Nein abzupressen. In der Regel übertragen wir Aufgaben, Kompetenzen und Verantwortlichkeiten an unsere Mitarbeiter, also in einem mehr oder weniger offiziellen Rahmen. Die gute Führungskraft, das ist bekannt, wird auch an ihrer Fähigkeit zu delegieren gemessen. Doch ebenso wie im Berufsleben können wir in unserer Familie und im Freundeskreis delegieren und vielleicht sogar auf der Straße: »Guten Tag! Können Sie bitte mal kurz das Päckchen halten.« Allerdings werden wir an Fremde nur Kleinigkeiten delegieren. Eigentlich bitten wir eher um eine Gefälligkeit, die abgelehnt werden kann. Beim Delegieren stellt sich die Frage nach einem Nein nur selten. Wenn Ihre Chefin Sie bittet, morgen die Liste aller Kunden abzutelefonieren, können Sie kaum erwidern: »Nein, machen Sie das selbst!«. Das heißt, Sie können schon, doch womöglich ist damit Ihre Karriere beendet. Wenn der kleine Felix auf die Bitte, den Tisch zu decken, nein sagt, beendet er seine Karriere in der Familie nicht. Allerdings sollten seine Eltern sich fragen, wie es um ihre Karriere als Chefs im Haus bestellt ist.

Ein Plädoyer fürs Delegieren

Wer delegieren kann, beweist damit Souveränität und soziale Kompetenz. Ein Chef, der das Delegieren beherrscht, zeigt seinen Mitarbeitern, dass er ihnen vertraut. Das sorgt für ein gutes Arbeitsklima. Außerdem fördert er damit ihre Fähigkeiten, ihre Initiative, ihre Talente und Kompetenzen. Wenn Sie als Eltern Aufgaben an Ihre Kinder delegieren, fördern Sie deren Selbstständigkeit und Selbstsicherheit. Wer delegiert, verplempert seine Zeit nicht mit Dingen, die andere für ihn erledigen können, dadurch hat er die Möglichkeit, sich anderen Aufgaben zu widmen. Wenn Sie die Kunst des Delegierens beherrschen, wird Ihr Leben einfacher – weil Sie mehr Zeit für die Dinge haben, die Ihnen wirklich wichtig sind.

Delegieren in Familie und Partnerschaft

Yvonne und Flo sind frischgebackene Eltern der kleinen Lisa. Wenn Flo das Baby auf dem Arm hält und es weint, nimmt Yvonne es ihm weg. Wenn Flo das Baby wickelt, greift Yvonne ein. Wenn Flo das Baby ins Bett bringt, zupft Yvonne die Bettdecke gerade.

Lang wird es nicht dauern, dann ist Yvonne mit der Versorgung der kleinen Lisa allein, denn sie zeigt Flo allzu deutlich, dass er das alles ja gar nicht kann, obwohl er es natürlich genauso gut kann wie sie. Es ist ihr erstes Kind. Bald wird Yvonne merken, dass sie ein Eigentor geschossen hat, und wenn sie dann versucht, Flo mit einzubeziehen, werden sich alle ihre Vorurteile bestätigen. Das Baby ist an sie gewöhnt, sie hat mehr Übung, ihre Handgriffe sind routiniert und vermitteln Sicherheit. Flo wird durchschlafen, sie wird nachts aufstehen. Und später wird sie sich vielleicht bei ihren Freundinnen über Flo beklagen, der sie so hängen lässt.

In vielen Beziehungen funktioniert Delegieren unter dem Deckmantel eines Tauschgeschäftes hervorragend. Sie kauft ein, er mäht den Rasen. Sie telefoniert mit seiner Mutter und den Nichten, er wechselt die Reifen. Jeder macht, was er am besten kann und vielleicht auch gern tut – dann läuft es wirklich rund. Das ist prima und spart viel Zeit. Sollte eine Beziehung in die Brüche gehen, ergibt sich die Gelegenheit, neue Talente an sich zu entdecken. Vielleicht wechselt sie in der neuen Beziehung die Reifen, während er staubsaugt. An der mobilen, mit Elektromotor betriebenen Absaugeinrichtung (Staubsauger) sollen Männer ohnehin gründlicher sein.

Erfolgreich delegieren

Damit das Delegieren einer Aufgabe klappt, müssen Sie diese natürlich an jemanden weiterreichen, der fähig und geeignet ist. Stellen Sie sich also zunächst folgende Fragen:

- Wer kann diese Aufgabe genauso gut wie ich erledigen?
- Wer erledigt sie besser?
- Und schneller?
- Kostengünstiger?
- Wem macht diese Aufgabe Spaß?

Es gilt noch immer, was schon der amerikanische Präsident Theodore Roosevelt gesagt hat: »Wer seiner Führungsrolle gerecht werden will, muss genug Vernunft besitzen, um die Aufgaben den richtigen Leuten zu übertragen, und genügend Selbstdisziplin, um ihnen nicht ins Handwerk zu pfuschen.«

Denn das ist entscheidend beim Delegieren. Loslassen! Vertrauen Sie den anderen – und vergessen Sie nach getaner Arbeit das Loben nicht!

Erfolgreich delegieren spart nicht bloß Zeit, es schenkt Ihnen auch das wunderbare Gefühl, sich auf andere Menschen verlassen zu können. Das Vertrauen, das Sie in andere Menschen setzen, zahlt sich aus. Die spüren den Vertrauensvorschuss und werden ihr Bestmögliches geben, Ihr Vertrauen nicht zu enttäuschen. Wenn Sie ständig kontrollieren, vermitteln Sie, dass Ihr Vertrauen wackelt –

und die anderen werden vielleicht nicht ihr Bestmögliches geben, nur ihr Mögliches, sodass Sie letztlich recht behalten. Sie werden immer recht behalten, egal, wie Sie sich entscheiden: Vertrauen oder nicht vertrauen? Sie eröffnen das Spiel, die anderen spielen mit, und zwar meistens genau so, wie Sie sich das vorstellen.

Machen Sie es sich zur Gewohnheit, in regelmäßigen Abständen zu überprüfen, ob alles, was Sie machen, wirklich von Ihnen erledigt werden muss. Einer Ihrer Kollegen, Mr. Rockefeller, formulierte das so: »Ich arbeite nach dem Prinzip, dass man niemals etwas selbst tun soll, was jemand anders für einen erledigen kann«.

SUCHEN WAR GESTERN, HEUTE FINDE ICH

Die eine Hälfte des Lebens ist bekannt. Interessanter ist die andere Hälfte: Was geschieht jenseits der Ordnung? Laut Statistik verbringt der Mensch pro Tag eine Stunde mit Suchen. Nun gut, es mag Zeitgenossen geben, die suchen länger, dafür finden andere schneller. Gesucht wird alles Mögliche. Von den Klassikern wie Schlüssel, Geldbeutel, Handy zu den magischen Zahlen auf Papier wie Telefonnummern, Pin-Codes und, und, und. Rechnet man diese tägliche Stunde hoch, ergibt sich ein stattliches Sümmchen. Diese Zeitverschwendung gibt niemand freiwillig zu. Da war man beschäftigt oder unabkömmlich oder hatte etwas Dringendes zu erledigen. Klar. Das ist angewandtes Eisenhower-Prinzip: Priorität doppelrot *(siehe Seite 59–62)*. Was ist wichtiger und noch dazu dringender, als den Schlüssel zu suchen, wenn man die Wohnung wegen eines Vorstellungsgesprächs pünktlich verlassen möchte.

Im Suchen versteckt sich eine Menge Zeit. Zeitmillionärinnen suchen selbstverständlich nicht oder wenn es mal hochkommt, nur ein bisschen, ansonsten delegieren sie und lassen andere suchen. Zeitmillionärinnen verwalten viel Besitz: kostbare Sekunden, Minuten, Stunden. Je mehr man hat, desto wichtiger ist Ordnung, sonst findet man sich nicht mehr zurecht. Ordnung und Strukturen sind kein Selbstzweck: sie geben Halt, Sicherheit und Orientierung. Die Ordnung ist der feste Boden, auf dem wir stehen. Deshalb legen Zeitmillionäre Wert darauf, dass es all den hübschen Sachen, die sie besitzen, gut geht. So beugen sie klug der Revolution der kleinen Dinge vor, die bekanntlich darin endet, dass die sich so gut verstecken, dass man sie stundenlang suchen muss – immer wieder.

Innerlich und äußerlich: aufgeräumt

Die Wohnung, so heißt es, sei ein Spiegel ihrer Bewohner. So wie es in ihren vier Wänden aussehe, sehe es auch im Inneren der Bewohner aus. Lassen Sie sich davon nicht kirre machen: Es gibt viele klar strukturierte Menschen, die es gern ein wenig, nun sagen wir mal, lebendig um sich herum haben, weil sich ihrer Meinung nach in allzu ordentlichen Räumen keine guten Ideen tummeln. Es gibt Menschen, für die ist ein leerer Schreibtisch die Voraussetzung, um kreativ zu arbeiten, für andere ein Ausschlusskriterium. Es geht darum, ob ein System funktioniert. Wenn ja, weiter so: Never change a running system!

Oder könnte es besser laufen? Vielleicht mit einer anderen Auffassung von Ordnung? Welche Rolle spielt Ordnung überhaupt in Ihrem Leben – und in Ihrem Terminkalender? Sind Sie sich darüber im Klaren, wie viel Zeit Sie mit geordneten Verhältnissen sparen können und wie wenig Zeit das kostet, wenn Sie täglich ein klein wenig aufräumen? Ordnung wird erst dann zum Problem, wenn sie fehlt. Sobald das auffällt, ist es fast schon zu spät, und es bietet sich eine ausgewachsene Aufschieberitis an, denn wer hat jetzt noch Lust, in diesem Chaos irgendwas zu tun. Wo anfangen? Ganz am Anfang: Jeden Tag ein bisschen fällt kaum ins Gewicht und verhindert Katastrophen. Leider auch Überraschungen: »Ui, da ist ja die Visacard! Aber wieso bei den Schuhputzsachen?«

Ordnung: Abgehakt

Nicht nur Menschen wünschen sich ein Zuhause, auch Dinge. Was glauben Sie, wie sich ein Schlüsselbund fühlt, wenn er jeden Tag an einem anderen Ort übernachten muss? Würde Ihnen das gefallen? Womöglich in einer dunklen Ecke, obwohl es diesen extra für ihn an der Wand befestigten Haken gibt. Und dann diese Flüche. Man möchte doch netter begrüßt werden als mit »Wo ist dieser Sch…« und das steht nicht für Schlüssel. Auch die Handtasche, das Handy

und die Hundeleine hätten gern ein Zuhause. Telefon, Kugelschreiber, fliegende Zettel und sämtliche Gegenstände, die nichts lieber tun als zu verschwinden. Die machen das nicht mit Absicht. Denen geht es nicht gut dabei. Die würden am liebsten zu Hause sein. Im Grunde ihres Herzens sind sie alle Stubenhocker und sehnen sich nach einem Plätzchen, an dem sie sich wohlfühlen, wo sie wissen: Da bin ich daheim. Der Schüssel an einem Brett neben der Eingangstür, die Jacke an der Garderobe, nicht über dem Küchenstuhl, wo sie nass wird, weil da schon das feuchte Geschirrtuch hängt, das eigentlich einen eigenen Haken in Rosenform (Designerstück) neben dem Kühlschrank hat. Das Telefon nicht im Bad, sondern auf seiner Basisstation, Familienzusammenführung.

Alle daheim!

Aber Hilfe! Wenn man nicht weiß, wohin mit dem Zeug? Logisch vorgehen! Die Briefmarken zu den Kuverts, die Stifte zum Telefon. Logik ist die Mutter der Porzellankiste. Wenn Sie das eine Weile durchhalten, wächst die Routine wie von selbst und Ihre Hand hängt den Schlüssel automatisch an den Haken.

Finden Sie ein Symbol für Ordnung. Vielleicht einen blitzsauberen Blitz? Tragen Sie unter diesem Symbol Aufräumtermine in Ihrem Kalender ein, und nehmen Sie die so ernst wie alle anderen auch. Mit einer halben Stunde pro Tag sind Sie gut aufgeräumt!

Eröffnen Sie pro Person in Ihrem Haushalt eine Kruschschublade für das ganze tolle Zeug, von dem man sich nicht trennen kann, das aber auch nirgends hinpasst. Steine und Muscheln aus dem Urlaub, Batterien, Einweckgummis, Traubenzuckerplättchen, Sicherheitsnadeln, Magnete und und und. Wenn die Schublade voll ist, wird sie geschlossen, und wer noch etwas hineinlegt, muss dafür etwas anderes herausnehmen und wegwerfen.

Sollten Sie Ihre Unordnung ohne Unterstützung nicht in den Griff bekommen: Beschaffen Sie sich Literatur zum Thema Aufräumen und Entrümpeln. Das ist kein Grund, sich zu schämen. Der sogenannte innere Schweinehund gehört nun mal zum Menschsein und bei manchen suhlt er sich gern in Unordnung. Es gibt mittlerweile auch professionelle Hilfe beim Ordnung schaffen und halten. Schauen Sie einfach mal im Internet nach oder versuchen Sie es mit der Übung auf Seite 170.

Wegwerfen befreit ...

... und tut weh. Wahnsinnig weh. Wenn wir etwas wegwerfen, vergessen wir womöglich schöne Erinnerungen. Wenn wir uns von der engen Jeans trennen, geben wir es endgültig auf, wieder in Größe 28 zu passen, irgendwann. Außerdem kann man die Sachen bestimmt mal brauchen und dann bereut man, dass man den Wok, die Fackeln, die kaputte Uhr, den Schemel, die Strohhalme, die Lampe, das alte Telefon, den Ring, das Brettchen, den Übertopf, die Jahrbücher weggeworfen hat. Das alles hat auch was gekostet, ist ja nicht so, dass das nichts wert wäre. Und wer gibt schon gern seine Fehlkäufe zu. »Bestimmt lebt irgendwo ein Sammler, der sich darüber freuen würde. Außerdem schmeißt man nichts weg, wo so viele Leute auf der Welt so wenig haben. Vielleicht ist es ja auch eines Tages wertvoll. Geschenke muss man in Ehren halten. Wir sind eh schon eine Wegwerfgesellschaft und produzieren ständig Wohlstandsmüll, da kann ich diesen Plastikeimer ruhig behalten. Als politische Aktion oder so. Okay, er hat einen Riss, aber nur oben an einer Seite.« Diese und noch andere Gedanken gehen einem durch den Kopf, wenn man versucht, Platz zu schaffen. In den Schränken. Auf dem Dachboden. Oder unter dem Bett.

FRÜHLINGSPUTZ –
MIT SYSTEM

Räumen Sie stets den ganzen Schrank oder das ganze Regal aus. Legen Sie alles auf einen Haufen und sortieren Sie dann mit fünf Optionen:

1. Das bleibt bei mir!
Dinge, die Sie wirklich behalten wollen. Reinigen Sie sie, und räumen Sie sie wieder ein.

2. Das wandert in die Tonne!
Und zwar umgehend.

3. Reparieren
Jedes kaputte Teil bekommt eine vierwöchige Gnadenfrist. Wenn es bis zum Stichtag nicht repariert ist: siehe Punkt 2.

4. Darüber freut sich ...
Dinge zum Verschenken oder für den Flohmarkt.

5. Fragezeichen
All das kommt in eine Kiste, die im Keller ein Jahr lang zwischengelagert wird. Dann fragen Sie sich: »Was ist da eigentlich drin?« Wenn Sie es nicht wissen. Weg mit der ganzen Kiste. Wenn Sie die Neugier quält: Schauen Sie rein und behalten Sie maximal zwei Gegenstände. Wahrscheinlicher jedoch werden die meisten Gegenstände aus der Kiste in der Tonne landen: Was man ein Jahr lang nicht vermisst hat, kann so wichtig nicht sein.

Außerdem
Machen Sie es sich zur Gewohnheit, alles, was zu Ende geht, umgehend nachzukaufen. Klopapier, Druckerpatronen, Batterien. So sparen Sie die Zeit, diese Dinge zu suchen. Eine Liste mit Bestellnummern von immer wieder benötigten Gegenständen und Lieferanten beschleunigt den Vorgang.

Und doch: Wer entrümpelt, befreit auch seine Seele von Ballast und spart sehr viel Zeit, denn Dinge wollen gepflegt werden – geputzt, sortiert, verwaltet. Für diese Mühe machen sie uns undankbarer Weise manchmal auch noch ein schlechtes Gewissen. Diese Tauchausrüstung im Keller … wie begeistert waren wir davon am Anfang, ungefähr zwei Monate lang … Machen Sie klar Schiff: weg damit!

Sollten Sie Schwierigkeiten haben, sich von Erinnerungsstücken zu trennen – und sei es der Minirock, in dem Sie Ihren Mann vor 15 Jahren mit zwei Kleidergrößen weniger kennengelernt haben: Machen Sie ein Foto davon. Das nimmt weniger Platz weg.

Ausweiskontrolle und Kennzeichnungspflicht

Auch Dinge möchten beim Namen genannt werden und sollten einen Ausweis bekommen – besonders wenn sie in Kartons gelagert werden. Achten Sie darauf, Gleiches mit Gleichem zu verstauen. Alle Kabel in eine Kiste. Und nicht noch schnell die Kinderbücher unten rein. Dies ist eine Elektrokiste. Hier kommen nur Elektrosachen rein. Sie glauben, Sie würden sich das merken? Nie! Bis nächstes Jahr haben Sie es vergessen! Verwenden Sie transparente Boxen oder stellen Sie den Kisten und Kartons einen Ausweis aus. In Ihrem Herrschaftsgebiet gilt ab sofort die Ausweispflicht für alle Behältnisse. Was sich nicht ausweisen kann, fliegt raus.

Auch Computer-Dateien benötigen einen Ausweis. Die Datei *Brief.doc*, die es in *1.Brief.doc* bis *22.Brief.doc* gibt, erhält keine Aufenthaltsgenehmigung, da solche Ausreißer Großfahndungen provozieren. Es ist immer dasselbe. Wir glauben, wir würden uns erinnern. Das stimmt bis morgen und vielleicht nächste Woche. Aber dann eben nicht mehr und das bezahlen wir mit Suchen. Nun ist Suchen ja eigentlich nicht schlimm. Was man da alles findet! Doch es kostet eben sehr viel Zeit und bringt den Terminplan durcheinander.

Immer wieder landen Leute im Krankenhaus, weil sie glauben, sie würden sich merken, dass in der Sprudelflasche doch kein Sprudel mehr ist.

Der blanke Horror: Papier

Auch Papiere wünschen sich ein Zuhause. Sortieren Sie Ihren Papierkram nach Themen – Steuern, Auto, Schule, Verträge, Haus, Gebrauchsanweisungen. Bewährt haben sich Ordner oder Schuber. Durchforsten Sie diese von Zeit zu Zeit und werfen Sie weg, was sich erledigt hat. Wenn der Kühlschrank entsorgt ist, brauchen Sie seine Gebrauchsanweisung nicht einzufrieren!

Wahre Organisationsgenies sind Hängeregister. Gerade für Themen, die zu dünn für einen Aktenordner sind, bietet sich diese geniale Erfindung an: Kabarettkarten, Müllabfuhrplan, Wunschbücherliste, die Haushaltskostenaufstellung, Geburtstagskarten und vieles mehr hat hier seinen Platz.

In einem Hängeregister finden Sie alles auf einen Griff. Es kostet keine Zeit, neue Papiere einzusortieren, weil sie dazu nicht stapelweise Papier durchblättern müssen. Alles ist leicht und frei und nirgendwo pressen Papierberge die Laune flach. Ein Hängeregister ist ein lebendiger Umschlagplatz. Hier wird nichts endgelagert. Import-Export, da geht es rund und bunt darf es auch sein. Wählen Sie Farben, die Ihnen gefallen, und sparen Sie nicht bei der Anschaffung. Beschriften Sie die einzelnen Abteilungen kreativ: Bezahl mich! Ruf mich an! Mach dir Gedanken! Wissenswertes!

Gestalten Sie Ihr Hängeregister so individuell wie nur möglich – damit der Zugriff einfach Spaß macht.

Nie wieder Sklavin der Dinge sein!

Zuerst wird gesammelt und dann der Zeit hinterhergejagt, denn Sammelleidenschaft ist ein Zeitdieb erster Klasse. Da wird eingescannt, kopiert, hochgeladen, in Schränke gestopft. Und schon wieder sind fünf Stunden weg, denn all diese Dinge wollen verwaltet werden, es geht ja nicht nur ums Haben. Ballast abwerfen macht frei. Je mehr Dinge Sie haben, desto mehr müssen Sie aufräumen. Je mehr Sie besitzen, desto mehr müssen Sie sich darum kümmern. Es kostet Zeit, den Besitz zu putzen oder das Putzen zu organisieren. Es kostet Zeit, sich mit Versicherungen herumzuschlagen, die den Besitz beschützen sollen, und es kostet Zeit, billig einzukaufen. Viel haben kostet viel Zeit.

Sklavin der Dinge ist nicht schön. Zeitmanagement bedeutet, Dinge so zu organisieren, dass sie möglichst wenig Zeit verbrauchen. Sie wissen, wie das geht. Sie gehören jetzt zu den Profis. Und deshalb folgt nun der letzte Streich. Auch wenn Sie Listen nicht ausstehen können. Sie können sie sich ja mal anschauen, ganz unverbindlich. Wenn Sie nichts damit zu tun haben, sagen Sie einfach nein. Nichts leichter als das!

PERSONAL FÜR PROFIS: LISTIGE TERMINPLANER

Falsches Personal trägt einem die Zeit säckeweise aus dem Haus. Deshalb sind Zeitmillionäre in diesem Punkt sehr wählerisch. Zeugnisse und Referenzen sind gut und schön, doch darauf kommt es nicht an. Viel wichtiger ist, dass die Chemie stimmt. Zeitmillionäre wissen, dass ihr Personal individuell auf sie zugeschnitten sein muss. Was nutzt der perfekt ausgebildete Butler Herr Blackberry, wenn man sein rechtwinkliges Auftreten schnöde findet. Was nutzt das mondäne iPhone oder der mit allen An- und Abschlüssen ausgebildete PDA, wenn die Chefin ihre Termine lieber in einem handschmeichelnden schweinsledernen Kalender notiert. Möchten Sie Ihre Zeit händisch oder elektronisch verwalten?

Das liegt ganz bei Ihnen. Die Vorteile von elektronischen Helfern: Termine ändern ist spielend einfach und was erledigt ist, wird ruckzuck in den Papierkorb geschoben. Wer Spaß an Technik und komplexer Software hat, wird nicht darauf verzichten wollen. Achtung: Prüfen Sie hin und wieder, ob Sie die Programme optimal nutzen, und lassen Sie sich eventuell von einem Profi auf den neuesten Stand der Technik bringen.

Niemand muss zum »alten Eisen« gehören, um das gute und bewährte Notizbuch zu lieben: Hier überlegt man genauer, ehe man etwas ändert. Aus diesem Grund fällt Neinsagen manchmal leichter: »Da müsste ich ja durchstreichen oder radieren!« Für alle, die gerne blättern und mit der Hand schreiben, ist ein Notizbüchlein oder ein Taschenkalender das schönste Spielzeug. Wählen Sie lieber ein Format wie DIN A6. Das können Sie fast überall verstauen und es hindert Sie daran, Romane zu verfassen.

So klappt es mit der Liste

Es ist egal, auf welchen Namen Ihr Personal hört, ob es promoviert hat oder als Autodidakt mit nichts als einem Blatt Papier in der Tasche daherkommt. Wichtig ist, dass Sie sich damit zurechtfinden. Sonst behält John Steinbeck, amerikanischer Literaturnobelpreisträger von 1962, recht, der gesagt hat: »Man verliert die meiste Zeit damit, dass man Zeit gewinnen will.«

Das kann ganz schnell passieren, etwa beim Auflisten von Aufgaben, wenn plötzlich alle Erledigungen notiert werden, auch die drei

Minuten zum Zähneputzen inklusive Mund ausspülen und Bürste reinigen, wenn Tage in Minuten-Stücke zerhackt werden und das Erstellen der täglichen To-do-Liste mit einer Stunde zu Buche schlägt.

So was passiert Menschen, die Zeit zum Faulenzen haben wollen, nicht. Die wissen, dass eine Liste nicht komplett abgearbeitet werden muss, das würde ja in Stress ausarten. Listen sind Anhaltspunkte, die ein auf den ersten Blick scheinbares Chaos ordnen, womit es nicht mehr übermächtig erscheint, sondern machbar.

ABC für Listenmuffel

A: Listen lieben's handfest: Durch das Aufschreiben halten Sie sich den Kopf frei. Sie vergessen nichts. Psychologischer Nebeneffekt: Ein schriftlich fixierter Plan motiviert uns, die Dinge anzupacken. Ablenkungen werden klein gehalten und Ergebnisse anhand der Liste abschließend kontrolliert.

B: Listen mögen's regelmäßig: An Listen bleibt man dran. Einmal pro Woche muss schon sein. Der Samstag ist übrigens – das zeigen Umfragen – ein beliebter Tag für regelmäßige Aktivitäten.

C: Listen mögen's einfach: Je einfacher, desto besser. Weder mathematische Formeln noch akrobatische Tabellen sind hier gefragt, die, wenn es mal hoch her geht, als erstes ins Strauchel kommen.

Listen führen mit List

»Ja, mach nur einen Plan! Sei nur ein großes Licht! Und mach dann noch 'nen zweiten Plan. Geh'n tun sie beide nicht«, prophezeite Bert Brecht in der *Dreigroschenoper*.

Vielleicht klappt es mit folgender Art der Terminverwaltung: Sie eröffnen in einem Notizbuch oder im Computer ein Sammelsurium Ihrer Aufgaben. Dort notieren Sie alles, und zwar wirklich alles, was zu tun ist. Unsortiert: von Kleid in die Reinigung bringen über

Gehaltsverhandlung mit dem Chef bis hin zu Seminarvorbereitung und Kindergeburtstag.

Jeden Morgen picken Sie maximal fünf Aufgaben aus dieser Liste heraus und schreiben Sie auf Ihre Liste für den kommenden Tag oder eben in Ihren Terminkalender unter das entsprechende Datum.

Sind am Abend alle fünf Aufgaben erledigt, haben Sie sich eine Belohnung verdient. Das muss keine große Sache sein: Mal die Füße hochlegen, die Katze streicheln, Ihren Lieblingssong hören – eine kleine kalorienfreie Praline in Ihrem Alltag. Vergessen Sie diese Belohnung nie! Sie lebt davon, dass Sie sie bewusst zelebrieren.

Sollten Sie drei Punkte geschafft haben, ist das immer noch Grund zur Freude: Diese drei sind schon mal weg. Setzen Sie die verbliebenen zwei Punkte auf die Liste für den nächsten Tag und fügen Sie drei neue aus Ihrem Sammelsurium dazu. Was auf den ersten Blick gar nicht spektakulär aussieht, beeindruckt in der Summe: Mit kleinen Schritten schaffen Sie kontinuierlich eine Menge weg und sind enorm motiviert. Der Trick liegt in der Unterscheidung zwischen Aufgabe und Termin.

Jeder Termin bringt Sie einem Ziel näher

Nächstes Jahr? Noch so weit weg. Und schwupps ist es da und schon wieder vorbei. So geht es dahin und wer nicht aufpasst, bleibt unterwegs auf der Strecke zu seinen Zielen, die ja nicht irgendwann in der Ferne erreicht werden wollen, sondern Tag für Tag ein Stück erobert.

Ihrer Lebensvision nähern Sie sich über die Jahre, Monate, Wochen und Tage. Das sollte Ihnen stets bewusst sein. Indem Sie nicht nur Ihre Termine, sondern auch Ihre kleinen und großen Ziele in den Fokus Ihrer Aufmerksamkeit stellen, motivieren Sie sich – und lästige Besorgungen verwandeln sich in leichtfüßige Schritte.

Einkaufen? Total lästig. Stimmt. Aber ist es nicht super, wenn man aussuchen kann, was man kaufen möchte, das obendrein noch locker bezahlt und etwas Leckeres daraus zaubert – ohne stundenlang auf der Pirsch gelegen und Kräuter gesammelt zu haben?

Aufräumen? Total lästig. Stimmt. Aber ist es nicht toll, was wir alles haben! Und dass wir wissen, wo die Dinge hingehören und wie schön es dann ist, wenn wir in der aufgeräumten Wohnung nach einem guten Essen endlich Feierabend haben.

Richten Sie Ihren Blick auch auf die kleinen Ziele in Ihren Aktionen. Sie werden staunen, wie leicht Ihnen die Dinge von der Hand gehen. Verdeutlichen Sie sich vor jedem Termin, warum Sie ihn vereinbart haben. Welches Ziel möchten Sie erreichen, welchen kleinen Teilschritt zu einem Ziel können Sie damit im Haben verbuchen?

11 Uhr:	Gespräch mit der Lehrerin.
Aufgabe:	Herausfinden, wie Simons Leseschreibschwäche behandelt werden kann.
Ziel:	Meinem Kind helfen!
13 –15 Uhr:	Treffen mit Frau Schmidt.
Aufgabe:	Neuen Internetauftritt schmackhaft machen.
Ziel:	Geld verdienen für lecker Essen kaufen.
bis 16 Uhr:	Schuster; Sandaletten abholen.
Ziel.	Party am Samstag!
19:00 Uhr:	Abendessen mit der Familie.
ab 20 Uhr:	Zeit für die Familie und Zeit für mich.
Ziel:	Dinge tun, die mir und meinen Liebsten guttun!

Sie können natürlich, wenn die Kinder im Bett sind, den Fernseher anschalten. Sie können sich aber auch vornehmen, eine Unterhaltung mit Ihrem Partner zu beginnen. Ein Ziel wäre hier: Wie geht es mir, wie geht es dir, nicht nur so an der Oberfläche, sondern tiefer. Sich die Zeit geben, etwas Neues entstehen zu lassen. Vielleicht etwas ganz Verrücktes. Sich an schöne Erlebnisse aus der Vergangenheit erinnern oder die Zukunft planen. Eine Geschichte aus der Kindheit erzählen, über ein aktuelles Thema diskutieren, sich was vorlesen, Musik hören, spielen, kuscheln. Wir-Zeit. Ich und du.

Sollten Sie keinen Partner in Ihrem Wohnzimmer haben: Wie wäre es, stattdessen eine Freundin anzurufen? War das nicht einer der Punkte Ihrer Werte und Ziele: der gute Kontakt zu den Menschen, die Sie mögen?

Zeit für die Liebsten – Zeit für das Glück

Viele Menschen vergessen in der Hektik des Alltags das, worum es ihnen eigentlich geht. Sie haken einfach Aufgaben ab. Das ist zwar löblich, doch nicht so befriedigend wie im bewussten Zusammenhang mit dem großen Ganzen.

Deshalb sollten wir uns immer wieder in Erinnerung rufen, inwiefern die Erledigung unserer Aufgaben unseren Zielen dient. Und nicht bloß die großen Ziele im Auge behalten. Ist es nicht auch ein Ziel, mit den Menschen, die wir gerne mögen, zusammen zu sein? Ein Dach über dem Kopf zu haben und gut zu essen? Zeit zu haben zum Lachen und für spannende Bücher? Sich beim Radfahren zu verausgaben und mit roten Wangen von einem Herbstspaziergang heimzukommen. Heißer Tee. Heißes Herz. Schön, dass du da bist. Schön, dass es dich gibt. Platzen vor Neugier und

Freude, endlich einen Zusammenhang verstanden zu haben. Lernen. Weiterkommen. Im Kreis der Liebsten. Anerkennung ernten. Herausforderungen meistern. Zeit für das ganze schöne Leben. Denn das ist doch unser Ziel, oder? Deshalb wollen wir unsere Zeit doch gelassen in den Griff bekommen. Für ein zufriedenes Leben und hin und wieder: das pure Glück.

Den Tag rahmen

Zeitmillionärinnen springen nicht auf den letzten Drücker aus dem Bett und rasen auch nicht ohne Frühstück aus dem Haus. Zeitmillionärinnen beginnen ihren Tag in dem Bewusstsein, dass viele schöne Stunden vor ihnen liegen, die sie mit spannenden Terminen und positiven Begegnungen füllen werden. Zeitmillionäre kämen nicht im Traum auf die Idee, Terminen hinterherzuhetzen! Sie wissen, dass sich die Investition, fünf Minuten früher aufzustehen, lohnt. Ein guter Start in den Tag ist unverzichtbar, denn hier liegen die Zinssätze am höchsten. Wie sieht Ihr guter Tagesanfang aus? Brauchen Sie dazu Kaffee oder eine Viertelstunde Yoga, Musik, die Zeitung, ein Honigbrot, Stille? Vielleicht werfen Sie auch einen Blick auf Ihre Termine. Was steht heute an? So sind Sie optimal vorbereitet. Sie können nicht wissen, was kommen wird. Doch Sie haben alles dafür getan, dass die Dinge gut laufen. Sie sind guter Dinge!

Und so wird es Abend und jetzt wissen wir, wie der Tag verlaufen ist. Egal wie: Beschließen Sie Ihren Tag mit einem inneren Ja. Loben Sie sich für die Aufgaben, die Sie erledigt haben. Säen Sie Zuversicht für diejenigen, die Ihnen morgen und übermorgen begegnen werden. Bedanken Sie sich vielleicht. Wo auch immer. Und schlafen Sie gut. Wohlbehütet in Ihrem Zeitrahmen mit dem Rahmhäubchen, das Zeitmillionärinnen ziert.

Im Zeitraffer

In diesem Buch ist dies der letzte Zeitraffer. Doch in Ihrem Leben können Sie noch viele Erkenntnisse sammeln, die Sie sich immer wieder ins Bewusstsein rufen können. Vielleicht gehört eine der folgenden zu Ihren Top-Ten?

- Setzen Sie Ihre Oskar-Nominierung in die Tat um: In Ihrem Leben ist eine Hauptrolle für Sie reserviert!
- In Ihrem Leben füllen Sie viele Rollen aus. Sie können Rollen tauschen, neue übernehmen und unpassende ablehnen.
- Auch Hobbys müssen regelmäßig zum Spaß-TÜV. Wo es zu ernst wird oder gar mühsam, ist ein Wechsel angesagt!
- Nein ist das Zauberwort für das Sesam öffne dich Ihrer Ziele und Freizeitgestaltung.
- Sagen Sie klar und deutlich, was Sie meinen, damit andere Ihre Botschaften auch verstehen.
- Schrumpfen Sie nicht! Bleiben Sie so groß, wie Sie sind, und behalten Sie Ihre Augenhöhe im Blick.
- Sie sind nicht allein auf der Welt. Es gibt da noch ein paar Personen, die Ihnen das eine oder andere abnehmen können. Sie müssen nicht alles selber machen!
- Geben Sie den Dingen eine Chance, aufgeräumt zu sein.
- Nennen Sie die Dinge beim Namen, so finden Sie sie wieder.
- Aufräumen und Ordnung machen mit System ist eine Investition, die kurz- und langfristig Zeit spart.
- Wegwerfen macht frei! Je weniger Sie besitzen, desto weniger müssen Sie sich kümmern.

ICH WERDE NICHT GELEBT:
ICH LEBE!

Ein Sofa ist ein wunderbarer Ort, um nicht nur sich selbst, sondern auch die Dinge sich setzen zu lassen. Und so möchte ich Sie am Ende dieses Buches einladen, sich noch einmal an all den Schecks zu freuen, die Ihr Zeitkonto in Zukunft fett auf die Habenseite bringen. Leben im Haben heißt auch viel Zeit für sich selbst haben. Für die Dinge, die Ihnen Spaß machen, Zeit für liebe Menschen und zum Faulenzen. Mit einem Zeitkonto im Haben sorgen Sie klug vor für ein Leben im Sein. Sie bestimmen. Nicht die anderen, die Umstände, der Zufall und das Telefon.

Das haben Sie sich selbst erarbeitet. Ein schönes Gefühl, oder? Und im Grunde genommen so einfach, sobald wir wissen, wie es geht. Sie wissen das nun und können andere anstecken. Häufig tragen wir lediglich unseren Stress weiter und stecken andere Menschen mit unserer Unruhe oder auch negativen Gefühlen an. Die wenigsten Menschen schaffen es umgekehrt. Doch das können Sie nun. Sie haben die wichtigsten Spielregeln eines gelungenen Zeitmanagements verinnerlicht. Wer das tut, was er möchte, der hat nur selten Anlass zu klagen. Menschen, die im Einklang mit ihrem Wollen sind, die das verwirklichen, was sie sich gewünscht haben, die genau so leben, wie sie es sich vorstellen, haben auch gar keine Zeit für Zipperlein und Beschwerden. Denn sie sind ja beschäftigt mit der positiven Gestaltung ihrer Lebenszeit. Bei Puffern denken sie weder an Puffreis noch an Kartoffelpuffer, eher an Zeitpolster, auf denen sie relaxt ruhen, wenn die Welt um sie herum sich mal wieder viel schneller dreht, als es gesund ist. Sie lassen sich nicht stressen von irgendwelchen Bedingungen und schon gar nicht von überhöhten Ansprüchen an die eigene Person. Perfektionismus hat schon so manche Persönlichkeit ins Schleudern gebracht – und glücklich wird damit niemand. Ein viel besserer Weg ist es da, Prioritäten zu setzen und die eigenen Werte und Ziele immer wieder einmal kritisch unter die Lupe zu nehmen: Ist mir das immer noch wichtig? Eine einmal getroffene Wahl muss nicht bis zum Lebensende verteidigt werden. Wir sind entwicklungsfähig, wandelfähig – und wir können uns auch verändern. So wie Sie sich vielleicht nun verändert haben hin zu einer Zeitmillionärin, die gelassen auf ihrem roten oder blauen Sofa ruht. Alle Zeit der Welt hat sie, so lange sie auf der Welt ist.

Zeitmillionärinnen wissen, was wirklich wichtig ist. Sie haben die großen Steine als Erstes in den Krug gelegt. Erinnern Sie sich noch an die Namen Ihrer großen Steine? Was ist das Wichtigste in Ihrem Leben? Ja, genau, Sie wissen es. Und deshalb zeigen Sie Zeiträubern auch die rote Karte, egal wie raffiniert die sich verkleiden. Sie erkennen sie zehn Kilometer gegen den Wind. Nein steht auf Ihrer roten Karte. Die zücken Sie mit Leichtigkeit und Lust. Nein ist das Mantra Ihrer neuen Freiheit. Nein ist das Wort, das Ihnen ein Ja verschafft zu sich selbst und zu den Dingen, die Ihnen Freude machen. Ein Nein schieben Sie auch niemals auf, während Sie anderes schon mal aufschieben können. Die Betonung liegt auf können, nicht auf müssen. Überhaupt müssen Sie gar nichts. Glück ist, wenn wir das machen, was wir wollen. Glück ist, viel Zeit zu haben. Glück ist Lebenszeit – und insofern ist Glück überall dort, wo Sie sind.

Ihre   Shirley Seul

LINKS, DIE WEITERHELFEN:
www.frau-macht-karriere.com
Blog für angehende Karriere-
frauen.
www.shirleyseul.de
Homepage von Shirley Seul
www.zeitzuleben.de
Online-Ratgeber für persönlichen Erfolg und Lebensqualität.

BÜCHER, DIE WEITERHELFEN:
**Becker, Irene; Meyer-Kles,
Jutta:** Lieber schlampig glück-
lich als ordentlich gestresst,
Campus, Frankfurt/Main
Buzan, Tony: Speed Reading,
Goldmann, München
Covey, Stephen R.: Der Weg
zum Wesentlichen, Campus,
Frankfurt/Main
Klein, Stefan: Die Glücksformel,
rororo, Hamburg
**Küstenmacher, Werner Tiki;
Seiwert, Lothar J.:** simplify your
life, Knaur TB, München
Levine, Robert: Eine Landkarte
der Zeit, Piper, München
Münchhausen, Marco v.:
Entrümpeln mit dem inneren

Schweinehund, Gräfe und
Unzer, München
**Münchhausen, Marco v.;
Püschel, Ingo, P.:** Alltag im Griff
mit dem inneren Schweinehund,
Gräfe und Unzer, München
Nussbaum, Cordula: Organi-
sieren Sie noch oder leben Sie
schon?, Campus, Frankfurt/Main
Nussbaum, Cordula: 300 Tipps
für mehr Zeit, Gräfe und Unzer,
München
Passig, Kathrin; Lobo, Sascha:
Dinge geregelt kriegen, rororo,
Hamburg
Roenneberg, Till: Wie wir
ticken, Dumont, Köln
**Schmitz, Wolfgang; Hasse,
Friedrich; Sösemann, Britta:**
Schneller lesen – besser
verstehen, rororo, Hamburg
Seiwert, Lothar: Das neue
1 x 1 des Zeitmanagement,
Gräfe und Unzer, München
Seul, Shirley: Goodbye Liebchen,
Nymphenburger, München
Zulley, Jürgen; Knab, Barbara:
Unsere innere Uhr, Mabuse,
Frankfurt

IMPRESSUM

© 2011 GRÄFE UND UNZER VERLAG GmbH, München

Alle Rechte vorbehalten. Nachdruck, auch auszugsweise, sowie Verbreitung durch Bild, Funk, Fernsehen und Internet, durch fotomechanische Wiedergabe, Tonträger und Datenverarbeitungssysteme jeder Art nur mit schriftlicher Genehmigung des Verlages.

Projektleitung: Nikola Hirmer, Luise Heine
Lektorat und Satz: wortundart, Janette Schroeder
Korrektorat: Claudia Kohnle
Umschlaggestaltung und Layout: independent Medien-Design, Horst Moser, München
Herstellung: Claudia Labahn
Reproduktion: Wahl Media, München
Druck und Bindung: GGP Media GmbH, Pößneck

Bildnachweis:
Illustrationen: Alle Illustrationen in diesem Buch stammen von Nadine Schurr.
Cover: Illustration von Elke Irnstetter
Syndication: www.jalag-syndication.de

ISBN 978-3-8338-2158-5

1. Auflage 2011

Die **GU-Homepage** finden Sie im Internet unter
www.gu.de

Ein Unternehmen der
GANSKE VERLAGSGRUPPE

Unsere Garantie

Liebe Leserin und lieber Leser,